惠存

냠제

저자 정희순

지금이 좋아

지금이 좋아

2025년 9월 26일 초판 1쇄 인쇄 발행

지은이	정희순
펴낸이	박종래
펴낸곳	도서출판 명성서림

등록번호	301-2014-013
주소	04625 서울시 중구 필동로 6 (2, 3층)
대표전화	02)2277-2800
팩스	02)2277-8945
이메일	msprint8944@naver.com

값 12,000원
ISBN 979-11-7439-038-7

본 책의 구성 및 맞춤법, 띄어쓰기는 작가의 의도에 따랐습니다.
이 책의 저작권은 저자와 도서출판 명성서림에 있습니다. 무단 전재 및 복제를 금합니다.
이 책 내용의 일부 또는 전부를 재사용하려면 반드시 저자와 도서출판 명성서림의 동의를 얻어야 합니다.
파본은 구입처에서 바꾸어 드립니다.

지금이 좋아

정희순 24번째 작품
12번째 수필집

도서출판 명성서림

머리말

"지금이 좋아"를 출간하며

　나무는 해마다 나이테를 만든다. 나이테는 세월과 함께 켜켜이 쌓여 나무의 품격을 만든다. 나도 나무를 닮아 문학의 나이테를 만들어 어느덧 36개나 만들었다. 36번의 세월이 흘렀어도 해마다 봄이 오고 여름이오면 더 푸르고 싶어 잎을 넓게 펼친다. 잎을 넓게 펼치면 그늘이 되어 누구에게라도 쉼터를 제공하기 때문이다.

　2023년도 1월에는 시집, 3월에는 수필집, 이어서 동화집까지 3권의 책을 내고 글을 안 쓰려고 마음먹었다. 벌지도 못하면서 쓰는 사람으로 낙인이 찍혀, 안식년처럼 몇 년 정도는 쉬고 싶었는데 무슨 사명감처럼 어느새 글을 쓰고 저장 하고 정리하는 자신을 발견하였다.

　2024년도에는 여기저기 많이 아팠다. 특히 30년 묵은 목디스크가 걸려서 고생했으나 의술이 좋아 치료가 잘되었다. 실력 있는 의사를 만난 덕분에 내 몸의 리몰델링은 다 끝나고 지금은 아픈 곳 없다. 아프지 않으니 살맛난다. 지금이 좋다.

10개월 기간이 참 힘들었지만, 잘 참고 인내한 덕분에 예전과 같아졌다. 아플 때는 아무것도 싫더니 회복되고 나니 글도 쓰고 여행도 다니고 활기찬 생활이 되었다. 그동안 글 모아진 것을 보니 책을 내고 싶어졌다.

책을 낼 때마다 부러움과 질책을 같이 받는다. 어떤 이는 부러워서 "축하 한다"하고 어떤 이는 또 "책을 내요?" 한다. 어떤 말을 듣는다 해도 남편의 후원이 든든하여 즐겁게 책을 낸다.

남편에게는 사실 미안하다. 책을 내서 무슨 소득이 있는 것도 아닌데 2~3년 만에 두 권, 또는 3권씩 알 낳듯이 책을 내니 미안하다. 글의 마법에 걸린 마누라 만나 고생이지만 그래도 은은한 미소 짓는 남편에게 고맙다는 말을 지면으로 표현한다. "여보 미안하고 고마워요."

2025년 9월에 당신의 마누라가

1부 내가 잘한 일

010 / 시집살이+가족
013 / 같이 살순 없을까?
016 / 개천에서 용 났다
020 / 광고가 갈곳을 잃어
023 / 기록이 기억을 이긴다
026 / 내가잘한 일
028 / 달라지는 장례문화
030 / 닭갈비만 보면
033 / 돌잡이
036 / 만학의 즐거움
038 / 목화 밭
042 / 가을 친구

2부 10월의 노래

046 / 봄날은 온다
049 / 산 후풍
053 / 소풍과 알밤
058 / 10월의 노래
061 / 늦게 배운 공부 신난다
064 / 아들과 컴퓨터
067 / 양보가 뭐래요?
069 / 우리 집만의 명절 음식
072 / 포대기
076 / 고운 늙음
078 / 즐거운 아이크림

3부 지금이 좋아

082 / 제16회 여성상
086 / 자가용마차
090 / 작가의 꿈
094 / 장수하려면
097 / 장식장속의 기념품들
101 / 전당포의 기억
105 / 종이책의 미래와 작가의 일
108 / 지금이 좋아
111 / 짐과 덤
115 / 만년메밀
119 / 커피타임
121 / 아버님의 십계명

부록 나의 인생
　　　 나의 문학

126 / 나의 인생 나의문학
148 / 정희순 삶의 이력

내가 잘한 일

시집 살이+가족

결혼하여 시댁에 들어와 살면 그것을 시집살이라고 한다. 적진에 들어가는 것 마냥 마음으로는 대단한 각오를 하고 시댁으로 들어가는 것이다. 한 달을 살건 1년을 살건 시댁에 들어와 사는 것은 쉬운 일이 아니다. 친정에서는 내식구만 살았으니 마찰이 있어도 이해하고 양보 받고 살았지만, 시집살이는 잘해도 칭찬은 별로 없고 권리보다는 의무가 부여된 사람들과의 사는 것이다.

시집살이 하다보면 시부모와의 마찰이 있을 수 있고 시누이나 시동생하고도 마찰이 있을 수 있다. 그것을 잘 이기고 살면 효부라고 칭찬받을 수 있지만 시집살이를 못 이기면 못된 며느리, 못되어 먹은 사람으로 낙인이 찍힌다.

사회생활을 하여도 적응기간이 필요하다. 학교생활을 해도 적응기간이 필요한데 시집살이는 오죽할까? 학교나 사회생활은 못해도 적응기간을 기다리며 격려와 배려를 하는데 시집살이는 그렇지 못하다.

어른공경 못하면 배운 것이 없다고 친정 부모를 매도하고, 시누이와 시동생에게 못하면 근본을 따지며 야단한다. 며느리는 시댁 식구들한테 꿀 먹은 벙어리와 보아도 못 본 척 들어도 못 들은 척 한없는 맹종과 순종으로 길들여지면 며느리 잘 들어 왔다고 소문이 난다.

며느리 판단은 시대에 따라 달라지기는 하지만 시댁이라는 울타리는 시집식구들의 의해 점수를 매겨지기에 시집살이는 힘들 수밖에 없다.

식구가 된다는 것은 쉬운 일이 아니다. 결혼하기 전까지의 세월을 따로 살다가 사랑 하나만 믿고 새로운 생활을 하는데 여기서도 적용기간은 필요 하건만 그것을 헤아리진 않는다. 우리나라는 남자를 기준으로 생활을 해왔으므로 시댁의 풍습을 배우고 익히는데 최소 일 년은 살아봐야 한다. 두 번의 명절이 지나고, 두 사람의 생일을 지내봐야 조금씩 서로를 이해하게 된다.

365일이 지나면 범위가 넓어지게 되어 시댁식구들을 헤아리게 된다. 시부모님의 식성과 버릇을 알게 되고, 시동생 시누이들의 성격을 파악하게 되어 이제부터는 시집살이가 아니라 가족살 이가 된다.

그러다가 아이가 생기면 범위는 급속히 좁혀져서 혈연으로 뭉치게 되어 살과 피를 나누는 사이가 되어 끈끈하게 이어진다.

요즘에는 결혼 한지 일 년도 못되어 파탄을 맞이하는 가정을 보게 되는데 적어도 일 년은 서로가 끈기 있게 참아주어야 한다. 일 년이 지나면 대부분은 아이가 생겨 아이 때문에 친해진다.

아이가 생기면 시부모도 조금은 너그러워지고 시댁 식구들도 아이를 핑계로 자주 출입하게 되어 다음으로 이어지는 끈이 생기므로, 진정한 가족으로 거듭나게 되니 일 년을 잘 견디어 보아야겠다.

결혼은 해도 후회하고 안 해도 후회한다고 했다. 그렇게 힘든 것이 결혼이라면 일단 결혼은 해보고 후회하자. 그런데. 세상살이라는 것이 항상 나쁜 것만 있는 것이 아니다. 살다보면 좋은 때도 있다. 좋은 때를 만나면 감사하는 마음으로 마음을 열고 적응하려고 노력해본다면 융합이 될 것이다.

사람에게는 측은지심이라는 것이 있어서 좋게 보는 눈도 있으니 이왕에 시작한 결혼이라면 잘 살아내야 되지 않겠는가. 인생승리를 위해서라도.

사람은 이디서 사느냐가 중요한 것이 아니다. 어떻게 사느냐가 중요한 것이니 가족살 이를 위해. 성공적으로 살아내 보자. "한번 못 참는 사람은 두 번도 못 참는다." 삶이라는 것은 참다보면 언젠가는 좋은 때 분명히 오는 법이라 그때를 위해 가족 살이 잘 살아내 보자.

같이 살순 없을까?

우리 집 앞에는 공원이 있다. 공원에는 나무가 많다. 나무가 있으니 새들도 있다. 그 공원을 날마다 같은 시간에 산책 한다. 산책할 때 새소리가 들려서 새를 찾아보았다. 참새, 비둘기, 까치, 물까치 등의 새가 있는데 새들이 지저귀면 매우 듣기가 좋다.

공원에 앉아 그 소리를 듣고 있노라면 무릉도원이 따로 없다. 그런데 새들의 모양이 홀쭉하다. 사람이나 짐승이나 단백질을 먹어야 살이 찌는데, 특히 새들은 벌레를 먹어야 통 통할 텐데 먹이가 부족한지 참새가 날씬하다. 공원을 둘러보니 나무는 푸른데 벌레는 없다. 벌레가 없으니 사람은 좋은데 새들에게는 먹이 부촉현상으로 나타난다. 새들이 먹을 것이 없다.

어느 날 공원을 걷다가 참담한 광경을 보게 되었다. 까치, 까마귀, 비둘기, 참새 등이 아침먹이로 음식물 쓰레기봉투에 떼로 몰려서 먹는 것이었다. 음식물은 짠 기가 있을 텐데 새들은 맛을 모르는지 날마다 모여들어 먹는다.

먹이가 없다는 것을 보니 안타까워 다음날 쌀을 가지고 공원에 갔다. 그리고는 비둘기를 불러 모으며 쌀을 뿌려 주었다. 비둘기들은 어디에 있었는지 우르르 몰려와 뿌려준 쌀을 잘 먹었다. 그렇게 사흘을 주었더니 어느 아주머니가 쫓아왔다.

"새들에게 먹이 주지 마세요. 동물들이 많으면 똥 때문에 문제가 생겨요. 그러니 새들에게 먹이 주지 마세요. 특히 새똥은 차를 부식시키고 사람 머리에 떨어지면 머리카락이 안나요."

나는 머리가 띵했다. 새소리는 듣기 좋아 하면서 새가 늘어나면 그것이 문제가 된다니 이율배반적인 문제다. 마음이 아프다. 그리고 이틀이 지나니 공원에 현수막이 걸렸다.

"새들에게 모이 주지 마세요. 새들의 수가 늘면 새똥 때문에 문제가 생긴답니다."

현수막이 걸려서 당황했지만 얼마 전 내 차에 새똥이 떨어져 차가 부식된 적이 있었다. 그 생각이 나서 모이 주기를 중단했다.

새들에게 먹이를 주고 싶은데 못 주는 내 마음이나, 먹이를 주지 말라고 현수막으로 글을 쓴 사람이나 다 마음이 아프다. 새소리는 듣기 좋은데 새들이 많이 날아다니면 그로 인해 피해가 생기니 먹이를 주고 싶어도 어쩔 수가 없다. 단지 새들에게 말하고 싶다.

"새들아 너희들이 똥만 가려 싼다면 사람들이 너희에게 더 잘 해 줄 텐데, 너희들의 모자라는 지혜로 인하여 사람들은 마음 따로 행동 따로 하고 산단다."

사람과 새들이 같이 살 수 있는 방법이 있었으면 좋겠다. 푸른 숲속에서 새들은 마음껏 노래하고, 사람들은 새들과 노닐면 얼마나 좋을까? 사람이 부르면 날아와 같이 노래하고 어디든 같이 동행 할 수 있다면 얼마나 좋을까?

내가 초능력이 있다면 새들을 많이 불러 모아서 똥 가려 싸기를 교육시킬 텐데, 그것이 안 되니 문제로다. 새들과 소통한 어느 철학자처럼 말이다.

가능하지 않으니 상상이나 해보고, 그렇지만 새들의 소리가 많아졌으면 좋겠다는 바람을 가져본다. 그리고 내가 할 수 있는 일이란 그저 소망을 가지고, 그것이 희망이 되기를 염원 하는 수밖에 없음이 그저 안타까울 뿐이다.

에덴동산으로 돌아가고 싶다. 아담과 이브가 동물들과 거닐며 행복해 하던 그 시절로 돌아가 나도 꾀꼬리와 대화 하고 싶다. 새들은 먹이 걱정 하지 않고 종일 노래나 불러라. 나는 춤이나 추련다. 사자는 박수를 치고 호랑이는 눈을 지긋이 감고 감상 하고.

"푸드드득"

비들기가 놀라서 날아간다. 내 상상을 깨고 푸드득 날아간다. 내 즐거움은 상상만으로도 미소와 놀았건만 현실은 암담하기만 하다.

도시는 도시로서의 기능이 있다. 규칙이라는 것이 있다. 규칙을 지킬 때 질서가 잡히므로 나도 규칙을 지키려고 공원을 떠난다. 새들의 먹이는 주머니 속에 넣고서…

개천에서 용 났다

서울이 고향인 나는, 농촌인 오산으로 시집을 왔다, 시골로 시집을 왔지만 주어진 환경에 적응을 하며 열심히 살기로 했다.

결혼 이듬해에 아들을 낳았는데 아버님은 너무도 좋아 하셨고 집안의 경사였다. 아들은 자라면서 총명했고 공부를 잘했다. 그래서 학교에서도 주목을 받았고 종친회에서도 주목을 받았다.

초등학교에 들어가면서부터 시험만 보면 1등을 했고 글짓기를 해도 1등 무엇을 해도 상장을 받아왔다. 아들이 공부를 잘하자 나는 아들에게 소망을 걸었다. 대학을 간다면 연세대학을 갔으면 좋겠다는 희망을 가졌다.

아들은 중학교에 진학하자 단번에 장학생이 되었다. 580명이 중학생이 되었는데 8등으로 들어갔고 바로 시험을 보더니 전교 1등을 하여 중학교 3년 장학생이 되었다. 중학교에서는 영재 반을 만들었다. 공부 잘하는 학생들을 집중 교육시켜 명문고를 보내려고 영재 반을 만들었는데 거기서도 항상 1등을 놓치지 않았다. 중학교 3학년 겨울 방학이 되자 고교 입학을 두고 운명의 갈림길이 놓였다. 고등학교 어디로 갈 것인가의 선택이 놓여 있었다.

오산고등학교는 평이 좋지 않았다. 공부 잘하는 학생들은 수원으로 다른 곳으로 가서 대학을 갔고 오산은 공부 못하는 학생들이 남아 3류 학교로 낙인이 찍혀서 학교가 발전을 못했다. 이런 현상을 보자 뜻있는 사람들이 모여 "애향장학회"를 만들었다. 그리고 유능한 교장선생님을 초빙해 와서 학교 살리기 운동을 했다. 학교를 살리려면 지금의 중학교학생들을 붙잡고 오산고등학교에 남게 해서 3년 동안 관리를 잘하여 여기서 면문대학 진학을 하게끔 해야 한다는 것이었다. 그러려면 3년 동안 장학금을 주고 영재 반을 만들어 특별 관리를 해야 한다면 학교 살리기 운동이 벌어졌다.

어느 날 오산고등학교 교장 선생님이 학교로 나를 호출했다. 아들이 전교 1등이니 수원으로 떠나지 말고 오산고등학교에 남아서 고장을 살리고, 학교도 살리고, 여기서 명문대학가자며 나를 설득했다. 그때의 학생들 1등에서 20등 안에 드는 학생들은 거의 수원으로 나가려고 마음먹고 있었는데 우리 아들이 오산고등학교에 남는다면 같이 남을 학생이 있을 것 아니냐며 교장 선생님은 나를 설득했다.

학교를 살리는 것은 좋지만 여기 남았다가 3년 후에 명문대학 못가고 삼류대학 간다면 아들의 인생은 누가 책임질 것인가 생각하니 쉽게 결정할 문제가 아니라는 생각이 들었다.

오산고등학교는 새로 초빙된 교장선생님과 담임 선생님이 원 팀이 되어 1등에서 10등 되는 학부형들을 불러 설득을 하였지만 1등의 어머니인 나를 중점 설득을 하였다. 나는 아들과 많은 시간 대화를 하고 고민을 한 결과 오산고등학교에 남기로 했다. 그리고 3년 동안 고등학교 장학금을 받고 명문대학 들어간다면 4년 동안 장학금을 준다는 약속을 받고 학생들을 설득했다. 그 결과 10명은 오산고등학교에 남았고 10명은 수원으로 떠났다.

교장선생님의 학교 사랑과 선생님들의 열심어린 뒷바라지로 학생들은 명문대학에 갔다. 특히 아들은 우수한 성적으로 연세대학교에 합격을 했고 다른 학생은 고려대학교 서강대학에 합격 했다. 그 외에 학교에 들어가서 명문대학에 입학하는 기쁨을 오산 시민들과 함께 누려서 큰 축제가 되었다.

명문대학 들어간 학생은 4년 동안 장학금도 받아서 개인들도 학비에 보탬이 되었다. 나는 아들을 잘 설득하여 오산에 남게 했고. 아들은 공부를 잘해 학교의 명예를 회복했다. 그 이후 오산고등학교는 명문고로 거듭나서 오산고등학교에 들어만 오면 서울대 연세대 고대는 맡아놓은 것이라는 소문이 났으며, 실제로 명문대학을 많이 가는 학교가 되었다.

아들을 임신했을 때 나는 간절히 기도했다.
"우리아들 이다음에 연세대학 가게 해주세요."
가본적 없는 학교이지만 열심히 기도했고 그 기도는 하늘에 닿았다.

지성이면 감천이라 했다. 애절한 내 기도, 그 기도가 이루어졌고 아들은 내 소원을 대신 이루어 주어서 집안 내에서 큰 기쁨이 되었고 종친회에서도 칭찬받는 존재가 되었다. 우리 동네는 시골이어서 그랬는지 누군가 이런 말을 했다.

"개천에서 용 났네~"

광고가 갈 곳을 잃어

건널목에서 신호를 기다리느라고 서성거리고 있는데 좀처럼 신호가 바뀌지 않는다. 햇살은 머리위로 쏟아지고 그늘이 없어, 무단횡단하려고 발을 도로에 내 디디였는데 건널목 표시선 길 판에 광고성 스티커가 눈에 들어 왔다.

글씨가 큼직하고 색깔이 있어서 눈에 확 들어 왔다. 과외 공부방 학생을 모집하는 광고 스티커다. 길 위에, 건널목에, 여기저기 붙어 있다.

몇 년 전만 해도 전단지나 포스터는 벽에다 붙이고 광고를 했는데, 지금은 벽에 못 붙이게 하니까 건널목 도로 돌 판에 스티커를 붙이고 있다. 광고는 해야겠는데 붙일 곳이 없으니 도로 판에다 붙이고 있다. 안타깝다.

어떤 행사를 하든지 알려야 사람이 올 텐데, 알릴 수 있는 방법이 없다. 벽보도, 현수막도, 사람이 많이 다니는 곳에다 설치를 해야 그것을 보고 왕래를 할 텐데 볼 수가 없으니 행사를 하면 인원동원을 할 수가 없다.

 SNS를 통해서 할 수 있다 하지만 그것은 젊은이들에게 해당되는 일이다. 나이 드신 분들은 휴대폰 속에서 알리는 것들을 보기가 쉽지 않다. 스티커나 포스터를 벽에 붙이지 못하지만, 행사를 알리는 현수막도 설치 할 곳이 없다.

 광고가 갈 길을 잃었다. 갈 곳도 잃었다. 어디로 가서 알려야 효과를 달성할 수 있을까? 얼마나 갈 곳이 없으면 길바닥에 붙여서 "나 좀 보아주세요" 할까? 광고가 불쌍하다.
 길을 걷다가 광고가 붙어 있으면 그것을 보는 것도 재미가 있는데 그 즐거움도 누릴 수가 없다. 중간 중간에 광고를 붙일 수 있는 모듬 광고판이 있었으면 좋겠다. 광고지 위에 또 붙이고 그 위에 또 붙여도 광고를 보는 재미, 그것도 누릴 수 있었으면 하는 바람이다.

 아파트 분양하는 광고가 현수막으로 가로수에 설치되어 있다. 두 사람이 힘을 합해 열심히 설치하고 갔는데, 한나절이 지나자 어떤 남자가 하나씩 하나씩 떼어서 차에 싣고 가는 것이었다. 현수막 떼는 남자는 그것을 떼어 가면 개당 얼마씩 돈을 받는다고 했다. 그래서 현수막을 걸기 바쁘게 떼어가는 사람이 많이 생겼다.
 현수막 거는 것을 보기도하고, 떼어가는 것을 보기도하니 눈물 난다. 광고를 해야만 사업이 되는데 현수막을 걸어 놓은지 한나절 만에 떼어가니 사업이 될 리가 없다. 현수막 만드느라고 돈 들고, 사람사서 현수

막 떼느라고 돈 들고,

　단 이틀만이라도 그냥 두었으면 좋으련만, 야속하게 그것을 떼어서 밥 먹는 사람이 있으니 이상한 세상이다.

　광고를 마음껏 할 수 있는 광고판이 있었으면 좋겠다. 사람이 많이 다니는 사거리에 하루 종일 광고만 하는 TV광고판 말이다. 물론 저렴한 가격으로 며칠씩만이라도 광고를 할 수 있는 곳이 있다면 좋겠다. 그러면 걸고 떼고, 걸고 떼는 악순환은 없을 거란 생각이 든다.

기록이 기억을 이긴다

　10년 전쯤으로 기억이 된다. 오ㅇ씨라는 문인이 내게 시집을 보내왔다. 나는 그 사람을 모르는데 그 사람은 이사장 선거의 한사람이라서 선거용으로 책을 보낸 것 같았다.
　그런데 책의 뒷면에 그의 이력이 3장이나 빼곡이 실려 있었다. 책을 수없이 받아 보았으나 자기의 이력을 그렇게 자세히 넣은 사람은 없었다.
　나는 그것을 보고 신선한 충격을 받았다. 그 이력서는 그것만 보아도 그가 어디서 무엇을 했는지 한눈에 알 수 있기 때문에 신선하게 충격이 되었다. 그 책을 받아 본 이 후로는 나도 삶의 이력을 정리하여 책을 출간할 때마다 뒷장에 붙인다.
　사람들은 그것을 보고, 특히 오산사람들 중 그것을 가지고 말 하는 사람들이 있나보다. 어떤 이는 식상하다고 하고, 어떤 이는 자랑 하고 싶어서 그랬나 보다 하고, 어떤 이는 아예 삭제하라고 한다.

"글을 뭐 하러 쓰나요?"
"밥만 먹고 글만 쓰나요?"

"글 써서 밥 먹고 살 수 있나요?"

여러 가지 질문을 받는데 그럴 때마다 기분 좋다. 질문하는 사람은 적어도 내 글을 조금이라도 읽어 보았으니 질문을 하는 것이라 여겨지기 때문이다. 나에게 관심이 많으니 당연히 대답도 자세히 말해준다.

"글을 왜 쓰세요?" 1 - 글은 기록하기 위함이다. 내 생각을, 내 사건을 기록해 놓으면 그때의 시간이 그 속에 있기 때문이다. 글의 위력은 세월이 흘러야만 된다. 내 글이 500년이 지난다음에 본다면 그것은 대단한 기록이라고 평가가 된다. 미래를 생각한다면 글은 꼭 써야 한다.

"글을 왜 쓰세요?" 2 - 기억하기 위함이다. 사람의 기억은 한계가 있다. 시간이 지나면 자세히 기억 할 수 없다. 더욱이 나이를 먹으니 더 잘 잃어버려서 하루가 지나기 전에 기록을 한다. 그러면 1년이 지난 후에도, 5년이 지난 후에 들여다보면 그때의 기억이 고스란히 되살아나기 때문에 글을 쓴다.

글을 쓰고 책을 낸지 30년이 넘었다. 30년 전에 쓴 글 을 보노라면 추억은 타임머신을 타고 그때로 돌아간다. 그래서 추억은 아름답고 기억은 훌륭하다.

"글을 왜 쓰세요?" 3 - 역사가 되기 때문이다. 기록이 오래되면 후손들이 그 기록으로 시대를 알 수 있고 평가도 하기 때문에 글은 꼭 써야 됨을 느낀다. 또한 써야 된다는 사명감이 생긴다. 언젠가 시아버님이 어려서 써놓은 필체를 보았는데 50년 전 것이라고 하니 귀한 자료가 되었다. 그것도 한 장의 역사가 된다. 또한, 글의 기록은 남에게 자랑도 하고 싶고, 자신에게 칭찬해 주고 싶어서 기록한다.

 삶의 이력을 들여다보면 좋은 때도 있었고 힘든 때도 많았다. 그러나 그런 때를 잘 이기고 열심히 활동하여 여기저기서 상을 받으니 자랑 하고 싶다. 또한 자신에게 잘했어 라고 칭찬도 해준다. 그러기위해서는 기록은 필수 이고 기억은 덤이며 자랑과 칭찬은 양념이다
 내 이력 첨부한 것을 비난하는 사람은 좁쌀 눈을 가진 사람이다. 그 사람이 글을 쓰는 사람이라면 더더욱 그렇다. 감정을 가지고 기록만 보고 좋게 보려 하지 않으니 매번 못마땅한 것이다.
 내 이력 첨부한 것을 칭찬하는 사람은 해안을 가진 사람이다. 넓은 마음으로 보듬으며, 살아온 시간을 이해하려는 마음이기에 그의 눈은 해안이다.
 어찌 되었건 시를 쓰고, 수필을 쓰고, 소설을 써도 그것은 모두가 기록이며 기억을 종이에 수놓는 것이다. 때로는 아름답게, 때로는 아프게, 때로는 즐겁게...
 나는 앞으로도 기록은 계속 할 것이고, 이력도 책마다 첨부할 것이다. 수년이 흐르고, 나보다는 후손들이 글을 볼 때는 글의 내용으로 감동이 되기도 하고 화도 날 것이니 아름다운 언어로 기록을 잘하여 후손들에게는 길이 남는 기록으로 전수되었으면 좋겠다.

내가 잘한 일

　1977년, 내 나이 23살 때 지금의 남편을 만나 결혼했다. 결혼하기 전 나는 그림을 그렸다. 저 푸른 초원 위에 그림 같은 집을 지어 살고 싶다고 그림을 그렸는데 초원은 힘든 현실이었다.
　결혼 후, 처음부터 부모님과는 같이 살았는데 살아가야 하는 환경이 너무나 열악했다. 부엌은 완전시골이었다. 불을 때서 밥도 하고, 국도 끓이고, 방도 뎁혔다. 나무는 산에 가서 해 와야 만이 불을 땔 수가 있었다.
　아가씨 때는 양말 한 짝도 안 빨아보고 곱게 자랐는데, 시집와서는 10식구 밥에 빨래와 농사일까지 너무나 힘들었다.
　육체적으로 힘든 것은 자고 나면 풀렸는데 정신적으로 힘든 것은 견디기 어려웠다. 시아버님은 우리가 못 마땅하면 우리보고 나가라고 우리 짐을 마당에 패대기쳤다.
　결혼 후 두 달이 되자, 아버님은 나에게 해라해라 10가지 계명을 주셨고, 마라마라 하는 것은 수시로 명령이 떨어졌다.
　결혼 2년이 되어 사는 것이 너무 힘들어 남편보고 나가 살자고 했다. 그랬더니 남편은 싫다고 했다. 자기는 맏이라서 나갈 수 가 없으며 부모를 버리느니 마누라를 버리겠다고 했다. 그 말에 충격 받은 나는 자살을 기도 했다. 수면제를 많이 먹고 자살을 기도 했으나 3일 만에 깨어났다. 내가 깨어나니 남편은 나를 붙들고 울었다. 미안하다며 마누라를 버리겠다고 말 한 것은 진심이 아니었다며 울었다. 그래서 나갈 생각은 아예 안하기로 하고 대신 잘살아 보려고 노력 했다.

살다보니 좋은 때도 있었지만 힘든 일이 더 많았다. 시어머님이 중풍으로 쓰러져 병간호해야 했고, 이어서 시 아버님도 아프기 시작하여 두 분을 병원 모시고 다니느라고 힘들었다. 그렇지만 그것은 자식이니 당연히 해야 한다는 생각으로 했다. 시어머님은 38년 모셨고 아버님은 2년 더 사셨다. 그 2년은 치매 걸려서 밤이면 외출하려고해서 힘들었고 이불에다 똥을 싸고 벽에다 똥칠했다. 그렇게 40년을 시부모 모신 것이다.

간간히 힘들었을 때는 이혼을 생각 해 본적도 있었으나 내가 나가면 누군가는 그 짐을 져야 되는 것인데 그렇다면 딸이 힘들 것 같았다. 그래서 힘들어도 부모님 돌아 가신다음에 후회 하지 않도록 노력했다. 살아 계실 때 최선을 다해 잘해 드리자고 자신에게 다짐했다.

이제는 부모님 돌아가신지 10년이 지났고 지나간 시절을 돌아보아도 하늘 쳐다보기 떳떳한 것은 결혼생활과 부모님 모시기를 끝까지 해 낸 것이 내 인생에 있어서 가장 잘 한일로 꼽겠다.

부모님 안계시니 편한 것도 있으나, 그래도 많은 식구로 시끌 법석거릴 때가 좋았다 싶다. 부모님 계신 자리가 든든하다고 느껴 질 때가 있으니 든자리 보다 난자리가 더 크다.

달라지는 장례문화

입관예배를 드리느라고 우리는 찬송을 불렀고, 지영 씨는 계속 흐느끼고 있다. 친정엄마가 병원에 입원하여 정밀 검사를 받았는데 유방암 진단이 나왔고, 그로부터 4개월 만에 하늘나라로 가신 것이다. 갑자기 생긴 일로 인하여 지영 씨는 충격을 받아서인지 자꾸만 울었다. 아쉬워서 울기도 하고 섭섭해서 울기도 했다. 엄마와의 시간을 더 많이 보내지 못했음이 응어리로 남는다고 했다. 그 모습을 보니 나도 친정엄마 돌아가셨을 때가 떠올라 눈시울이 뜨거워졌다.

여자들에게는 엄마, 친정엄마는 가슴속의 응어리다. 엄마와의 시간을 잘 보냈으면 꽃 같은 응어리이지만 아쉬움으로 남을 때는 진짜 응어리다.

우는 것도 힘이 드는데 지영 씨 너무 우니까, 우는 모습을 보니 문상 온 우리들도 슬프다. 상주들이 많이 울고 있으니 염하는 아저씨가 관에다 고인의 이름을 쓰라고 했다. 이쪽은 딸이 엄마의 이름을 쓰고 반대쪽에는 아들이 엄마의 이름을 썼다. 새로운 시도이다.

관은 꽃으로 치장을 했다. 테두리를 예쁜 꽃으로 두르고 고인이 누울 자리는 깨끗하게 고운 베를 깔았다. 예전에는 못 보던 풍경이다. 10년 전 시부모님이 돌아가셨을 때도 관에다 이름 쓰는 일은 없었고, 관속에 꽃을 치장하는 일도 없었다. 그런데 지금은 관에다 이름을 쓰니 시신이 바뀌는 일은 없을 것 같다.

장례식장은 문상객으로 북적였다. 문상객이 많은 것은 상주가 많이 왕래했다는 증거다. 화환이 많으니 보기 좋다.

한때는, 축하객이나 문상객이 많은 것이 부러운 적이 있었다. 우리 애들 결혼시킬 때 축하객이 많았으면 좋겠다고 남의 일에 많이도 찾아 다녔다. 시부모님이 계시니 나중을 생각해 초상집도 열심히 왕래 했다. 그 결과 결혼도 장례도 사람이 많이 출입 했다.

인간은 누구라도 세상에 왔으면 반드시 죽는다. 영원히 살 사람 없고 늙지 않을 사람 없다. 누구는 조금 일찍 가고, 어떤 이는 좀 더 오래 살 뿐이다. 그러기에 죽음은 준비해야 하고 내가 떠난 다음의 상황을 생각해 볼 필요는 있을 것이다. 물론 준비 없이 가는 사람도 있겠으나 나는, 오늘, 나의 장례를 생각해보며 복 있는 장례식이 되기를 기도해본다.
'그 사람 덕 있는 사람이었어.'
이런 소리 듣고 싶다. 그런 소리 듣는다면 그 인생은 잘 살은 인생이었을 것 같다.

닭갈비만 보면

큰 신우가 결혼해서 두 달 쯤 되었을 때의 일이다. 신우 남편이 처가에 왔는데 장인장모님을 모시고 외식을 한다고 외출을 했다. 메뉴는 닭갈비를 먹으러 간다고 했다.

오산 시장 근처에 있는 식당인데 그 집이 맛있다고 소문이 났다며 그곳으로 두 분을 모시고 외출 했다. 남편과 나 그리고 아이들까지 우리 4식구는 집을 지키는 신세로 시부모님이 잘 다녀오시길 바랐다.

외식을 다녀오신 부모님은, 닭갈비가 맛있었다며 사위에게 고맙다는 말을 여러 번 하셨다. 시골에서 사는 우리는 외식은 꿈도 꿀 수가 없었다. 외식을 하려면 우리만이 아니라 시부모님을 모시고 가야하기에 엄두가 나지 않는 일이라 외식하는 사람을 부러워했다. 그 음식은 어떤 음식일까? 상상하는 것으로 마무리했다. 그리고 돌아서서는 닭갈비가 어떤 음식일까? 궁금해 하며 나도 돈이 생기면 그 집에 가서 먹어보리라 마음속으로 벼르게 되었다.

시장을 가려면 "꽃집 닭갈비" 그 음식점을 지나가야 한다. 음식점 간판을 보면 떠오르는 일, 몇 년 전의 일을 떠올리며 저 집에서 신우남편과 시부모님이 닭갈비를 맛있게 먹은 집이라 한번쯤은 가보리라 생각하고 또 생각했다.

몇 년이 지나고 돈의 여유가 생기자 남편과 내가 외식을 하자고 합의를 보았다. 닭갈비가 꼭 먹고 싶으니 우리 한번만 외식하자고 졸랐다. 그러면서 부모님도 모시고 가자며 시부모님께 말씀을 드렸다.

시부모님은 아들이 외식하자면 좋아 할 줄 알고 닭갈비를 말씀드렸다. 그랬더니 생각 외로 화를 벌컥 내셨다.

"너희들은 돈이 그렇게 흔하냐? 먹고 싶다고 외식하면서 언제 돈을 모아 애들을 가르치려고 그러냐?"

"사위가 외식하자고 하면 그냥 가서 맛있다고 먹어주는 것이고, 한번 안가면 다시는 안 데려 가니 따라 가는 것뿐이니 외식 좋아 하지 말고 저축해라"

외식시켜드리겠다고 하면 좋아하고 효도했다고 칭찬 들을 줄 알았다. 마음 깊은 곳에서 효도하고 싶었는데 호되게 야단맞았으니, 앞으로도 닭갈비는 못 먹을 것 같아 눈물로 외식을 포기했다. 야단맞은 후로는 외식을 못했지만 내심 서운하여 닭갈비집 앞으로는 다니지 않았다. 그렇게 40년이 흘렀다.

세월이 흘러 부모님도 안계시니 닭갈비 이제는 먹으러 갈만도 한데, 나는 그 집 앞을 지날 때마다 외식한다고 야단치던 부모님이 생각나, 그

집 닭갈비는 여지껏 먹어보지도 못하고 상상 속에 음식으로 자리했다.

오산시내로 이사 오고 한참 시간이 흐른 어느 가을날, 사위에게 저녁을 사주려다가 닭갈비가 생각나서 손주들과 그 집으로 들어가 저녁을 먹었다. 옛날 그 닭갈비집이다. 그래서 닭갈비가 맛있을 줄 알고 많이 시켰다.

손주들과 사위는 닭갈비가 맛있다고 잘 먹었는데 남편과 나는 한 첨을 먹어보고는 두첨을 못 먹었다. 매웠기 때문이다. 애들한테는 맵다고 말하기가 어려워 그냥 배부르다고 하고는 애들에게 양보했는데 애들은 맛있다고 잘 먹었다.

"기대가 크면 실망도 크다" 누군가의 말이 콕콕 맞는 날이다. 이제는 닭갈비 잊어도 되겠다. 옛날에 아버님도 그 맛이 매워 우리에게 야단을 하신 것이 아닌가 위로의 웃음을 웃어보며 닭갈비는 영원히 시원하게 유쾌하게 잊을 것이다.

돌잡이

 미장원 개업한 순이가 결혼하더니 금방 아들을 낳았다. 출근 하다말고 청첩장을 내손에 쥐어 주기에 펴보니 돌잔치 한다는 초대장이었다. 그래서 축하해주려고 행사장을 찾았다. 행사장에는 일가친척들이 많이 왔고 행사 진행하는 사람은 손님을 즐겁게 하려고 애썼다.
 양가 부모님들의 덕담이 있었고, 엄마 아빠의 바람을 듣고 이 행사의 하이라이트 돌잡이를 하게 되었다.
 「돌잡이」 라는 것은 상에다 여러 가지를 늘어놓고 아이가 그중에 무엇을 집으면 집은 것 에다 의미를 부여하고 그렇게 자라주기를 소원하는 것이다.
 상 위에는 실도 있고, 청진기도 있고, 연필, 돈, 활도 있다. 이집은 엄마가 미장원해서 그런지 빗도 있고 가위도 있다.
 시대가 발전하면서 상위의 놓아지는 물건도 다양해졌다. 어느 집 잔치에 갔더니 청진기도 있고 의사 가운도 있었다. 돌잡이 상은 애 부모의 직업대로 물건이 놓여 지나보다. 옛날 같으면 상상도 못할 물건들이다.
 아이마다 집는 것도 다르지만 대부분의 부모들은 돈 집어 부자 되기를 바라고 청진기를 집는다면 의사되기를 바란다. 그 외의 것을 집으면 실망을 하면서도 건강하게 자라길 바란다. 오늘의 귀공자는 무엇을 집어 가족들을 즐겁게 할까?

오늘의 귀공자는 빗과 가위를 잡았다. 아이엄마는 실망하는 것 같더니 이내 평정을 찾고 잘 자라주기만 바랐다.

그런데, 희안한 것은 대부분 집는 대로 아이가 커간다는 사실이다. 내가 이방면에 논문을 쓴 것은 아니지만, 여태껏 내가 본 바에 의하면 아이가 집은 대로 자랐다.

우리 애들은 연필을 집었다. 아들도 연필을 잡았고 딸도 연필을 잡았다. 그래서 그랬는지 아들은 초. 중. 고. 대학교 졸업까지 장학생으로 공부를 잘했으며 딸도 연필을 잡아서 대학원까지 장학금도 받고 대학원 가서는 조교도 했다. 그 모두가 「돌잡이」의 덕인 것 같았다. 그런데 손주 들은 달랐다.

큰 손주는 실을 집었다.

어미와 아비는 실망했다. 돈을 집어 부자가 되었으면 하고 바랬고 연필을 집어 공부잘해주길 바랬는데 실을 집다니… 애써 위로를 해 본다. 실의길이가 긴 것처럼 건강하게 100수를 할 것으로 바래본다. 섭섭하지만 어쩌랴.

건강하면 돈은 자연 따라오고 건강관리 잘 한다면 100수는 문제없다.

아이가 무엇을 집어 들던지 크게 신경 쓰지 않아도 될 터인데 부모의 마음이란 것이 무관심이 안 되니 아이의 행동에다 크게 의미를 두게 되는 것이다. 하여 할미인 나도 아이의 손을 보며 속으로는

'돈을 집어라. 이다음에 돈을 많이 벌어 부자 되어라.'

'연필을 집어라. 공부 잘해 법조계로 가서 크게 한자리하고 살아라.' 라고 외치고 있었다.

돈은 부의 상징이고 연필은 권력의 상징이니 두 가지만 손에 쥔다면 세상 사는데 어려움이 없으니 그렇게 바래보는 것이 아닐까?

둘째 손주는 연필을 잡으려고 고민하다가 마이크를 잡았다. 그리고는 청진기를 잡아서 웃음을 자아냈다. 양손의 떡으로 욕심쟁이다.

둘째 손주는 욕심이 많다. 평소에도 한손에 집은 것으로는 성이 안차서 항상 두 손에 가득 집어야 직성이 풀리는 성격이라 이번에도 두 가지를 집고서 만족의 웃음을 웃었다.

마이크는 쓰임새가 많다.

마이크는 리더쉽이다.

마이크는 기쁨이다.

마이크는 앞잡이의 상징물이다.

마이크로 성공 할 수 있는 직업은 수 없이 많다. 그 중에서도 가장 크게 꼽는다면? 아나운서, 혹은 재능인, 또는 대통령?

어쨌든, 잡은 대로 자랐으면 좋겠으나 무엇보다도 건강하게 자라길 바라는 마음이다.

만학의 즐거움

"선생님, 저 축하해 주세요. 야학으로 대학과정 입학했어요."

그녀는 야학 입학하는 사진을 찍어 보내고는 축하해 달라고 했다. 사진 속에는 몇 명이지만 공부하는 장면이 찍혔다. 그 장면을 보니 축하는 꼭 해주어야 할 것인데, 나는 목이 메어 왔다.

그녀는 96넘은 시부모님이 계시고, 90세의 친정엄마가 계셔서 양쪽 부모 수발도 벅찰 텐데 야학 공부라니. 기특하고 장하다. 업어주고 싶다. 그래서 빡세게 축하한다고 했다.

"공부가 그렇게 좋아요? 밤에 공부 하려면 힘들잖아요."

"선생님, 저는 사정이 어려워 초등학교밖에 못 나왔어요. 배움에 대하여 많이 목이 말라요."

아! 배움에 대하여 목이 마르다니...그녀를 보면서 나를 돌아다본다.

사람은 저마다 추구하는바가 있다. 그녀는 대학졸업장을 취득하고 싶어 공부 한다지만, 나는, 만인이 내 글을 읽고 감동하는 문학인이 되고 싶었다. 국문학, 문학을 하고 싶어서 그 쪽으로 알아보았다.

그러나 문학도 공부해야지 공부하지 않고 전문인이 될 수 없었다. 40대 그쯤에, 대학을 들어가 국문학을 공부하고 싶었으나 공부하려니 학교를 가야하고 등록금이 있어야 학교를 다닐 수가 있었다. 그러나 우리 집은 일이 많은데, 낮에는 일을 하고, 밤에 공부를 하자니 너무도 힘들었다.

첫째는 체력이 부족했다. 두 번째는 공부하자니 수업료가 들어서 식구들이 좋아 할리 없었다. 내가 공부 할 돈이면 아이들에게는 과외라도 시킬 수 있었고 아이들 교육에 필요한 책을 살 수도 있었다.

나를 선택 할 것인가? 아이들을 밀어줄 것인가? 고민이 되었다. 여러 날 고민 끝에 그 돈으로 아이들 교육에 더 힘쓰기로 했다. 그 대신에 낮에는 일해도 밤에는 집에서 글 쓰는 것으로 대처하여 글쓰기로 했다.

문학은, 글만 잘 쓰면 학력에 상관없이 독자층을 형성할 수 있다. 글만 잘 쓰면 상도 받을 수 있고, 그 글로 영화도 만들 수 있다. 혜택의 폭이 넓은 글을 쓰려면 배워야 되겠지만 남의 글을 여러 번 읽어보고 모방하여 써 본다면 대작이 나올 수도 있다. 거장의 문인이 될 수 있다.

어쨌든, 그녀는 공부를 택했고 나는 문학을 택했다. 그리하여 그녀는 지금도 공부중이고 나는 23권의 책을 발간하는 기염을 토했는데. 그녀나 나나 저마다의 목마름이 아직도 채워지지 않은 것으로 보아 서로는 제 갈 길로 열심히 달려 갈 것이다. 앞으로 3년 후를 본다면 어떤 결과를 낳을 것인가? 가히 기대가 된다.

목화 밭

우리 집 앞에는 학교가 있다. 학교에서는 학생들의 교육을 위해 여러 가지 꽃을 심는다. 꽃은 일년생도 있고 다 년생이 있는데 올 해는 목화를 심었다.

여름이 되어 꽃이 피었다. 꽃이 무리지어 피우니 예쁜데도 아이들은 그 꽃의 이름이 무엇인지 관심이 없었다. 그래서 구경 갔던 나는 아이들을 불러서 꽃에 대하여 아는 대로 상식을 말해주었다.

"애들아 이 꽃은 목화라고 한단다."

"목화요?"

"그래! 이 꽃에서 면이 나와요. 그 면으로 이불을 만들고 우리의 옷도 만든단다."

"어머나 이 꽃에서 실이 나와요?"

"목화의 열매는 달콤해서 먹기도 한단다."

"먹기도 해요? 이걸 어떻게 먹어요?"

아이들은 신기해한다. 그리고는 설명을 열심히 듣는다.

갑자기 어깨가 으쓱해진다. 설명하는데 신이 났다...

시집을 오던 해에 뒷동산에 올라갔다. 뒷동산에는 밭이 4개가 있었는데 마지막 밭에다 목화를 심었다. 목화는 한해살이 풀이지만 아욱과에 속하는 작물이므로 면화라고도 한다. 온대지역인 우리나라에서는 1년 생이지만 열대지역에서는 다년 생으로 열매도 많이 맺는다.

목화의 역사는 기원전2500년 전에 인도에서 재배하기 시작했다. 원산지는 아프리카남부, 안덱스산맥 북부지역이라는 설도 있으나 우리나라에는 문익점(1331-1400)이 고려 공민왕12년(1363년)에 중국에서 목화씨를 들여와서 심은 것이 최초의 역사다. 중국에서 씨를 못 가져가게 하니 붓 속에다 씨10개를 숨겨와 경상도산청에서 심은 것이 시초였다.

목화는 실을 뽑아 옷도 만들지만 씨는 신경통에 약으로도 쓰인다. 아직 피지 않는 열매인 다래는 기관지에, 뿌리는 당뇨병 치유에 효력이 있다고 전해진다. 목화는 8월에 꽃이 피는데 연분홍빛과 노란색으로 꽃이 핀다. 꽃은 활짝 피는 게 아니라 살짝 펴지다가 봉오리를 맺는데 그것을 다래라 한다. 다래는 달콤하다. 열매가 달콤하기에 다래를 따서 많이 먹었다. 옛날에는 아이들의 간식거리였다. 먹을 것이 없던 시절에는 달콤한 다래가 아이들의 입맛을 달래 주었다.

9월이 되면 다래가 단단해지면서 열십자로 봉오리를 터트린다. 봉오리 속에서 면이 하얗게 나온다. 그 면은 한 달 동안 익고 익으며 10월을 맞는다.

10월이 되면 목화를 따는데 힘이 든다. 목화는 엎드려야만 딸 수 있다. 키가 크지 않고 종알종알 달려서 한개도 빠뜨리지 않고 따야 되기에 하루 종일 따도 면적이 줄지 않았다.

목화를 다 따면 씨앗 기에 목화를 넣고 돌린다. 그러면 씨는 빠지고 면은 따로 떨어진다. 그 면을 가져다가 솜을 튼다. 그러면 그 솜으로 요도 만들고 이불도 만들었다. 그때는 이불이나 요를 두껍게 만들었다. 그래서 한해에 한 채씩 이불을 만들어 삼년동안 이불 세 채를 만들었다, 삼년동안 심으니 힘들어서 심기를 중단했다. 목화는 기억 속에서 잠자게 되었다.

목화의 출연은 백성들의 입성을 화려하게 바꾸어 놓았다.

오로지 광목으로 흰색을 고집했던 조선의 의류 계를 변화시켜 색깔 옷도 입고 여러 가지모양으로도 만들어 입을 수 있게 옷감이 생산되었다.

사람은 잘 먹고 좋은 집에 사는 것도 좋지만, 우선은 몸을 가려야 한다. 음식은 덜 먹어도 좋은 옷 입고 싶고, 월세로 사는 한이 있어도 고급 옷 입고 싶은 것이 인간의 심리다. 그래서 의*식*주라하여 입는 것에 비중을 두었다,

목화는 인간의 심리를 충분히 만족시켜주어 실을 뽑아 좋은 옷 만들어 입게 했으니 그것을 퍼트린 문익점 선생에게도 감사한 마음을 전한다.

나도 경험을 하고 싶어 목화를 심어 보았으니 나이는 50줄인데 경험은 70줄에 있어서 웃음이 나온다.

농촌의 삶은 실전이고 경험이다. 시골에서 살았던 관계로 나이에 비

해 경험한 게 많고 아는 것이 많으니 애들에게 해줄 이야기가 많다. 듣는 사람들은 재미있고 구수하게 말 잘 한다고 칭찬한다.

아이들은 내 설명 열심히 듣더니 박수를 치며
"아줌마는 왜 그렇게 아는 게 많아요?"
"소설 같아요."
띠~잉
이건 칭찬인가? 비아 냥 인가?
어쨌든 추억여행 다녀온 오후다.

가을 친구

　가을 햇살이 눈부시게 쏟아지는 오전에 괜시리 울적해 외출은 했으나 막상 나서니 갈 곳이 딱히 않았다. 시간 때우기는 영화가 좋을 듯싶어서 누구를 불러낼까 수첩을 뒤적였다.
　생각해보니 직장 다니는 친구들은 조회할 시간이고 집에 있는 친구들은 청소할 시간이다. 그래서 혼자 갈까 고민해보았으나 혼자는 싫다. 나이 71줄인데도 친구들은 일하거나 손주를 보는 친구들이 대부분이다. 그들이 볼 때는 내가 가을을 즐긴다고 사치스럽다 할지 몰라도 영화보자고 불러낼 친구가 없다. 영화를 핑계로 친구도 만나고, 밥도 먹고, 수다도 떨고 그러고 싶었는데...혼자가자니 외로워 싫고, 누구랑 가고 싶은데 남자 친구는 싫고 남편은 외국영화 싫다하고...

　간절하게 영화가 보고 싶어 시내로 나왔다. 그래도 혹시나 싶어 시내에 사는 친구에게 전화 했다. 친구는 내 전화를 받자 팔자가 좋다며 자기의 처지를 말하면서 나를 부러워한다. 그러면서 푸념을 했다. 전화 잘못했다 싶어 끊었다.

다시 수첩을 꺼내들어 불러낼 친구를 찾아보니 만만한 친구가 없다. 노년이 되었어도 아직 직장 다니며 일하는 친구가 많다. 소꿉친구는 멀리 살고 어떤 친구는 종교가 달라 딱히 불러낼 친구가 없는 것이다. 내가 불쌍한 사람이란 생각이 들었다. 그러자 울컥해졌다.

"나 외로워" 하는 이 말이 생업에 바쁜 친구들에게는 배부른 투정으로 들려 내가 불쌍한 게 아니라 복에 겨워 보일지도 모른다. 살기 바쁜 저희들에 비해 시간 보낼 친구를 찾고 있으니 내 전화가 미울 수 도 있겠다 싶었다.
사람이 그립다. 아무 때고 만날 수 있는 친구가 있었으면 좋겠다. 상대가 누구든 서로의 이야기 들으며 위로해주고 나도 위로를 받고 싶었는데 친구가 없다.

동행할 친구가 없다고 집으로 맹숭하게 들어가기는 싫다. 그래서 처음에 전화한 친구에게 다시 전화를 했다. 생각해보니 밝은 대낮에 영화 보러 가자며 전화한 내가 팔자 좋아 보일거라는 생각이 들어 그녀의 푸념을 들어 주기로 하여 전화를 걸었더니 그녀도 미안했던지 거기가 어디냐며 나오겠다고했다.

친구와 나는 영화를 보고 점심을 먹고 근처 드라이브를 했다. 그리고는 가슴에 쌓여 있는 수다 보따리를 풀었다. 이왕에 나왔으니 시간을 즐기자며 풍경이 멋진 카페로 갔다. 오늘은 근심걱정 다 잊어버리자고 마음먹으니 기분 즐겁고 시간도 잘 갔다. 우리는 이렇게 하루를 즐겼다.

과정이야 어찌되었든 하루 동안 같이 있으면서 가슴속의 응어리를 풀었고 위로를 받고 그랬으니 가슴이 시원해야 하는데 울고 싶도록 친구의 소중함이 느껴졌다. 이순에 들어섰으면 자녀들 공경 받고 문화를 체험하고 노후를 즐겨야할 나이인데 친구들은 아직도 생활전선에서 뛰고 있다. 그 나이 되도록 직장이 있어서 좋기는 하지만 친구들끼리의 공감대가 없어서 아쉽기만 하다.

어떤 이는 여행가는 친구가 6명 있다며 자랑을 늘어놓고 여행갈 곳을 찾고 있다. 나이드니 옆지기 보다 친구가 좋다며 다음 행선지를 고르는 재미에 푹 빠져있다. 부럽다. 나도 그런 친구 있었으면 좋겠다.

나이가 먹으면 남편보다 친구를 찾게 되고 여행도 같이 가서 남편보다 더 좋게 느껴지기 마련인데 아! 나는 그런 친구가 없다.

친구 없는 내가 문제인가 나이 먹어도 돈을 벌어야 하는 현실이 문제인가? 화창한 가을의 햇살이 밉기만 하다.

10월의 노래

봄날은 온다

우연을 믿어야 하나. 필연을 믿어야 하나. 우연히 그녀를 만났는데 필연같이, 언젠가는 꼭 만나야 할 사람인 것 같이 친근함을 느꼈다. 마치 언니같이 투정을 부리고 싶은 마음이 들어서 아는 체를 하고 가까이 다가갔다.

그녀의 인상은 매우 강했다. 세련된 것 같으면서도 말투는 야구공같이 직선으로 강타하는 그런 느낌이 들었는데 그런 점이 시원하게 느껴졌다.

그녀는 방송 출연하는 패널 이었고 화면에서 비춰지는 모습은 홈런 날리는 강한 멘트를 자주 날려서 인상도 강하게 심어졌다.

그녀는, 아는 체 하는 나를 흔쾌히 받아주었고 우리는 대화가 통해서 자주 만남을 가졌으며 소통 했다.

그녀와의 만남은 겨울에서 초봄으로 들어서는 날씨 같았다. 매서운 바람 같지만 따뜻한 바람, 얼음장 같지만 금방 녹아버리는 얼음 같았다. 그녀의 소개로 방송시험을 보게 되었다. 패 널이 되고 싶어서.

신길역이다. 스튜디오에 가기위해 신길역에서 내렸다. 약도 같은 문자를 가지고 물어물어 신길역에 도착했으나, 신길역은 땅속으로 연결된 지하철이고 땅속으로 환승하고만 다녔지 땅위로 나와 보기는 처음이라 햇살이 눈부시기만 하다.

전철역에서 지상으로 올라오니 두더지 같은 기분이 들었다. 햇살이 너무 눈부셨다. 아마도 두더지가 해 빛을 보면 괴로워 하 듯이 햇살을 익히려니 잠시 시간이 필요했다.

스튜디오에 도착하여 30분정도 인터뷰를 하고 합격의 말을 듣고 녹화 날자를 받으니 가슴이 벅찼다. 국가고시를 본 것도 아니고, 대학시험을 본 것도 아니지만 방송출연을 위해 오디션을 오늘까지 세 번의 과정을 거쳤으며 합격의 말을 들으니 이것이 뭐라고 가슴이 벅찼다. 이제 날자에 맞추어 녹화 하러 가면 된다.

여의도에 내렸다. 국회의사당이 있는 곳이다. 대한민국의 1번지 국회가 있는 곳이다. KBS본관으로 갔다. 방송국은 처음이라 어리둥절하기만 하다. 방송출연은 16년 전에도 한 적이 있다. 그때는 PD가 우리 집으로 와서 인터뷰를 했고 5월, "가정의 달" 특집으로 20분정도 방영을 해서 방송경험은 있지만 이번에는 녹화방송이다. 내 발로 방송국까지 걸어와서 많은 사람들과 방송을 하니 그저 좋기만 하다.

20년 전만 해도 여의도는 너른 광장이었다. 그런데 지금의 여의도는 건물이 빼곡히 들어섰다. 방송국 근처에도 잔디밭이 있었는데 너른 광장은 추억 속에나 있다.

그러나 가로수에는 물이 오른 나무들이 초록을 내 뿜고 있다. 살랑 살랑 바람이 분다. 바람에 흔들리는 가지는 사 사사 스 스스 소리를 내며 흔들리고 있다. 바람소리도 좋고 흔들리는 나뭇가지도 예쁘다. 봄날이다. 황홀의 봄날이다.

내 나이 회갑 때 까지만 해도 시부모님이 살아계셔서 공경하느라고 바쁘게 지냈다. 그런데 얼마 후 두 분이 돌아가셨다. 더 오래 사실 줄 알았는데 돌아가셔서 여유가 생겼다. 시간적으로도 재정적으로도 여유가 생겨서 지금은 나만의 시간을 가지게 되었다. 그래서 방송국 출연도 하게 되어 황혼녘에 봄날을 맞이하게 되었다.

봄은 생동하는 계절이다. 싹을 틔우려고 발돋움을 하는 계절이다. 몇 달만 지나면 71을 맞이하는 이 시점에서 새로운 분야로 도약을 해보려는 내 시도가 봄날인 것이다.

71세 나이이면 할머니라고 불러도 서운 할 것이 없지만 오늘, 나는 대국민 발표를 하러간다. 시니어 토크쇼 "황금 연못"에서 나는 국민 할 매라고 전 국민에게 말하러 간다.

내 입가에는 웃음이 번진다. 봄날의 꽃향기처럼, 황혼의 라일락 향기가…

산 후 풍

해마다 여름이 오면 더위를 식히려고 선풍기를 돌린다. 1980년대에는 선풍기가 있었는데 그것도 부자 집만 있었다. 우리 집은 산꼭대기에 있는 집이고 사방이 솔밭이라 시원하여 선풍기 없어도 여름을 잘 견뎠다. 그런데 지구가 더워지는지 해마다 더위를 느끼는 강도가 달라졌다. 무더위가 느껴지면 어른들은 부채질을 하고 찬물로 등목을 하면 더위를 이기는데 아이들이 생기니 선풍기가 절실히 필요했다.

1978년 5월 29일, 산기가 있어 산부인과에 갔다. 진찰해본 의사는 난감해 했다. 양수가 터져서 아이가 마른상태인데 수술보다는 유도분만을 하자고 했다. 그래서 분만 촉진제와 아이가 잘 나오게 하는 주사를 놓고 하루를 고생하다가 아이를 낳았다. 첫 아이이며 아들이다. 그런데 유도분만제가 내 몸에 맞지 않아 하혈을 했다. 하혈을 너무 많이 해서 수혈을 해야 했다. 경기도립병원에 가서 피 주사 두 대를 맞았다.

남편은 건축 일을 했는데 일이 생겨 지방에 가서 아이를 혼자 낳고 병원도 혼자 다녔다. 시골이라 병원을 가려면 2Km를 걸어가야 버스를 탈

수 있었고 걷기 어려우면 택시를 불러 타고나가야 했다.

시어머니는 불평 했다. 남들은 아이도 잘 낳는데 너는 순산을 못하고 병원신세 지냐며 야단하시고 산후 뒷바라지는 안 해주고 장에 가셨다. 미역국을 충분히 먹고 싶은데, 새벽에 장거리를 해가지고 시장에 가시니 내가 밥을 먹어야 했다.

산모가 추우면 안 된다고 시아버님은 방에 불을 때 주어서 방은 더웠고, 방이 더우니 목이 말랐다. 마당에 나가보니 마당가운데 우물이 있었다. 그래서 그 우물물을 떠먹었는데 물이 차가웠다. 한바가지 시원하게 먹고 나니 갑자기 한기가 돌았다. 이가 딱딱 마주칠 정도로 추웠으며 방에 들어와 이불을 덮었는데 그때부터 한기가 돌아 여름내 찬물을 먹지 못했다.

그런 증세가 심해지더니 선풍기바람도, 에어컨 바람도 쐬지 못했다. 병원진찰결과 "산후 풍" 이라하며 약도 없다고 했다. 세월이 약이니 그냥 지내라했다.

찬물 한바가지 먹고 산후 풍이 들어, 여름만 오면 마음 놓고 외출을 못했다. 바람이 싫어서 시원한 옷도 못 입었다. 여름이 오는 것이 두려웠다. 잠자려면 바닥은 뜨겁게 하고 이불은 두껍게 덮어야했다. 그 이후 30년을 여름을 피해가며 살았다. 소원이라면 제발 "더워봤으면 좋겠다."였다.

세월이 흐르고,

내 나이 65세가 지나니까 갱년기가 왔다. 그해 여름은 무척이나 더웠다. 날이 더운 것이 아니라 내 몸이 더워 땀이 나기 시작했다. 갱년기가 지나면서 체질이 바뀌었다. 극과 극으로 바뀐 체질로 더운 것도 힘들었다. 몸이 더우니 이번에는 땀이 너무 많이 나서 죽을 지경이다. 땀이 많이 나니 지쳤다. 지금의 소원이라면 "땀이 안 났으면 좋겠다."

아! 여름이 싫다. 여름이 없었으면 좋겠다.

그래서 보양식을 먹게 되었다. 해마다 여름이 되면 우리 집만의 음식이 있다. 위에 부담 안 되는 음식이다.

1 - 한방 닭국

황기, 당귀, 백 하수오, 엄나무 등을 넣고 끓인 물에다 닭을 넣고 끓인다. 30분 푹 끓인 다음, 닭은 살을 발라내고 한약도 걷어낸다. 한방 끓인 물에다 닭고기 다시 넣고 국처럼 끓여서 먹는다. 몸에 좋은 한방 닭국이 된다.

2 - 콩물

흰콩을 불려서 살짝 삶는다. 삶은 콩을 박박 주물러 껍질을 걷어낸다. 그 콩을 믹서에 갈아 채에 거른다. 비지는 따로 모으고 콩물을 물병에 담아 시원하게 냉장고에 두었다가 콩물 먹을 때는 소금을 넣고 알맞게 간을 맞춘다. 그러면 음료수처럼 먹는데 소금을 넣고 먹으면 고소한 맛이 여름 보양식이다. 콩물은 시부모님이 즐겨 잡수셨다. 여름이면 필수 음식이다. 여름내 해먹느라고 힘들었어도 맛있었다.

3 - 가지냉국

　가지를 푹 찐다. 그리고 그 가지를 차게 식힌다. 식힌 다음 가지를 주물 주물　세게 주무른 다음, 양념을 하고 간을 맞추고 얼음동동 띄우면 영양만점 냉국이 된다. 이것은 시어머님이 여름내 내게 주문하신 국이다.

　가지무침은 쉬운데 냉국은 어렵다. 가지를 푹 삶아야 하고 그것을 식힌 다음 양념을 해야 한다. 그래야만 제대로 맛이 나기에 아침에 가지를 찌고 식혔다가 점심때 얼음을 띄운 가지냉국을 해드리면 시부모님이 무척 좋아하셨다.

　이제는 추억의 음식이 되었지만 가지만 보면 부모님생각에 시골이 떠올라 그리운 음식이 되었다.

　이제 내 나이 71이 되었다. 젊어서는 추워서 고생을 했는데 나이 먹어서는 더워서 야단이다. 이제는 땀이 너무 나니 닭국을 끓여 보양식 만들어 여름을 즐겁게 나야겠다.

　"이열치열"이라 했지 않은가...

소풍과 알밤

　시립미술관에서 작품전시회를 한다고 지인들을 초대하였는데 공주에 사는 분을 알게 되어 초대 했다. 초대장을 보내긴 했지만 공주에서 오산까지 참석하리라고는 기대하지 않았다. 거리가 멀었기 때문이다. 나는 그녀를 정 공주라 불렀다. 성은 정씨요 공주에 살고 있어 정공주가 된 것이다.
　그런데 정 공주 부부가 공주에서 오산 시립미술관까지 한걸음에 달려 왔다. 작가에게 초대받으니 기분 좋았다며 총알같이 달려왔다. 나는 감격하여 그들을 융숭하게 대접했다. 그리고 손에는 고기를 들려 보냈다.
　그들은 내 작품을 꼼꼼히 보더니 작품하나를 마음에 들어 했다. 그래서 전시회가 끝나면 택배로 보내주마 약속했다.
　보름기간 전시회가 끝나고 그 작품은 충남공주로 시집을 갔다. 정 공주 그녀는, 족자를 거실에 걸어 놓으니 집안이 환해졌고 방문객들이 부러워한다고 무척이나 기뻐했다. 그녀는 고맙다고 몇 번이나 문자를 보냈다.
　때는 여름이라 더웠고 작품전시회는 끝났으니 나는 세월을 잊고 있었다. 여름이가고 가을이 깊었다. 추석이 지나고 시장에는 가을과일들이 쏟아져 나왔다.

어느 날, 우리 집으로 택배가 왔다. 보낸 사람을 자세히 살펴보니 전시회에 왔던 정씨 그녀였다. 상자에는 편지가 있었다. 지난여름에 보내준 족자 값으로 밤을 보낸다고 했다. 본인은 밤농사를 짓는데 밤농사를 지은 것 중에 가장 좋은 것을 골라 보내는 것이라며 맛있게 잡수라는 편지를 동봉했다.

상자를 열자 아기주먹만한 밤들이 윤기 자르르 흐르며 푸짐하게 가득 담겨있었다. 우와 탄성이 나올 만큼 먹음직하고 탐스러운 밤알을 보자 내 기억은 과거로 돌아가 서울용산 꼬방 동네로 날아갔다.

초등학교 1학년 때의 일이다. 담임 선생님이 여자 선생님이셨는데 내 눈에는 너무 예쁘고 아름다워 보였다.

선생님이 예쁘니까 학교 가는 것이 즐거워 교실에는 일등으로 출석했고 선생님께 칭찬 듣고 싶어서 무엇이든 잘하려고 노력했다.

5월이 되자 학교에서는 봄 소풍 간다고 했다. 나는 학교를 들어갔어도 코를 흘리고 다녀서 가슴에는 코 수건을 달고 다녔건만 선생님은 나를 볼 때마다 이름을 불러 주셨고 코 수건으로 코를 닦아 주셨다. 나는 그런 선생님이 너무 좋았다. 그래서 나에게 용돈이 생긴다면 선생님께 선물을 사드리고 싶었다.

창경궁 뒤 비원으로 소풍을 간다고 하니까 엄마는 김밥을 싸주고 용돈으로 9원을 주셨다. 나는 용돈을 받자 가슴이 뛰었다. 그 돈으로 학용품을 살까? 맛있는 것을 사먹을까? 저축했다가 인형을 살까? 갑자기 고민이 많아졌다. 여러 가지 고민을 하다가 내가 좋아하는 선생님, 선생님께 선물을 사 드리고 싶었다.

용돈이 생겼고 그 돈으로 선물을 사고 싶었건만, 9원으로 선생님선물을 사기에는 턱없이 적은 금액이었다. 사실 선생님에게 무엇을 사서 드려야 선물이 될지도 몰랐다. 그래서 돈은 가방에 넣고 고민하면서 학교에 다다랐다.

교문 앞은 시끌법석 했다. 교문 앞에서 여러 가지 물건 파는 사람들이 있었다. 솜사탕장사, 풍선도 팔고 과일과 과자 파는 상인들이 잔뜩 몰려왔다. 어떤 아줌마가 밤을 한 줄에 10개를 꿰어 10원에 파는 것이었다. 밤은 무척이나 큰 알밤이어서 먹음직했고 맛있어 보였다. 그 밤을 보자 선생님께 그 밤을 사서 선물로 드리고 싶었다. 나를 예뻐해 주시는 마음을 표시하고 싶었다.

그런데 그 밤은 10원이어서 사지를 못했다. 돈이 모자라기 때문이었다.

좌판 앞에서 밤을 보며 망설이고 있으니까 아줌마가 물었다.

"밤 사고 싶으냐?"

"네, 그런데 돈이 모자라요. 저는 9원밖에 없어요."

그랬더니 아줌마가 깎아 주겠다며 밤을 9원에 주셨다.

밤을 사자 선생님께 드리면 좋아 하실 거라는 생각이 들었다. 선생님이 기뻐하실 상상이 되자 너무도 기분이 좋았다. 발맞추어 동무들과 걸어가는 걸음이 날아갈 듯 가벼웠다. 그래서 그 밤을 도시락과 함께 소중히 가지고 다니다가 점심때가 되어 선생님께 드리려고 밤을 들고 선생님을 찾았다.

학생이 많았다. 1학년에서 3학년까지 소풍을 갔으니 학생 수가 많아서 우리 선생님을 찾는데 한참을 찾아야했다.

선생님은 소나무 그늘에 학부형들에게 둘러쌓여 맛있는 도시락을 잡숫고 계셨다. 도시락은 산해진미였다. 많은 음식들을 보자 나는, 내가 가지고 간 알밤 10개가 매우 초라해 보이는 것이었다. 그래서 그것을 내놓지 못하고 돌아섰다. 마음은 있는데 용기도 없어서 선생님께 드리지 못하고 집에 오는데 발걸음이 무거웠다. 나는 자신을 나무랬다. 내 밤이 초라하긴 했어도 용기 있게 선생님께 드리지 못했음이 왜 그렇게 못 나 보이던지. 어찌 되든 선생님께 드려 보기나 할 걸 하는 후회가 가득했다.

선생님께 드리고 싶어서 밤을 샀고 그것이 초라해 드리지는 못했어도 그 밤을 먹지도 못했다. 나만 아는 장소에 보관했다가 결국에는 썩어서 버렸는데 용기가 없어 드리지 못한 밤이 해마다 가을이 되면 선생님을 생각나게 했다.

지금의 나는 학교를 졸업하고 어른이 되었어도 가을이 되면, 알밤을 보면 생각나는 사건이 되었다. 그때는 밤이 귀했고 비싸서 먹기도 쉽지 않았다. 그 후 세월이 많이 흘렀고 지금은 밤이 흔한 세상이 되었다. 그런데 정 공주 그녀덕분에 맛있는 밤을 먹게 되었고 옛날 선생님도 보고 싶게 했으니 선생님이 어디 살고 계신지 안다면 찾아뵙고 싶다. 먹음직한 알밤 한보따리 가지고 말이다...

10월의 노래

10월은 풍성한 달이다. 오곡을 추수하니 먹거리가 풍성하고 가을이 짙어지니 단풍이 아름답다. 10월은 오색으로 산하를 물들여 단풍뿐 아니라 사람들의 옷 색깔도 물들여 아름다우니 볼거리도 많아져서 10월은 상달이다.

10월이면 생각나는 노래가 있다. 가곡으로는 "10월의 어느 멋진 날에"가 있고 대중가요로는 이용의 노래 "잊혀진 계절"이 있다.

노래를 부르며 자세히 살펴보자면 "10월의 어느 멋진 날에"는 가슴 벅찬 사랑의 노래다. 어느 날 찾아온 사랑이 사라질까 두려워 조심스럽게 감사하는 노래인가 하면, 이용의 노래 "잊혀진 계절"은 진정으로 사랑했지만 이유도 모른 채 이별을 통고받고 잊혀지는 설움을 노래하는 것이다. 어느 노래이든 노래는 부르면 즐겁다.

10워 31일이 되면 이용이란 가수는 무척이나 바쁘다고 했다. "잊혀 진 계절"을 듣고 싶어 불러대는 곳이 많아서 바쁘다고 했다.

노래는 곡조가 있는 한편의 시(詩)라고 볼 수 있다. 마음 깊은 곳에서 우러나오는 감정을 글로 표현하고 거기에 곡을 붙여 부르니 노래를 좋아하는 사람은 대리감정으로 부르는 것이다. 기쁜 감정도 슬픈 감정도 내 대신 작가가 글을 쓰고 가수가 불러주니 나는 그저 흥얼거리며 감정에 취하면 되는 것이다.

나는, 슬픈 노래보다는 신나는 노래가 좋다. 그래서 "잊혀진 계절" 보다는
"10월의 어느 멋진 날에"라는 노래가 좋다.

이 노래는 축가로 많이 불려진다. 사랑하는 사람이 옆에 있어 행복하고, 그 행복이 벅차, 사라질까 두려워 감사하는 마음이 짙게 스며 있는 노래다. 노래를 부르다 보면 나도 내 사랑에 대하여 감사를 가지게 되고 나에게도 사랑이 찾아온 것이 감격이 되어 노래를 부르게 된다.

남여가 만나면 사랑을 하게 된다, 사랑, 그것이 우연인 것 같지만 세상에는 우연이란 없다. 더욱이 결혼이란 하늘이 맺어주는 필연이다. 그 필연적인 만남을 감사하고 사랑하는 것, 그것은 서로에 대한 예의이고 그래야만 한다. 아끼는 마음과 사랑하는 마음이 없다는 그것은 이별로 이어져 "잊혀진 사람"으로 추락하는 것이다. 한사람은 사랑을 노래하고, 한 사람은 이별을 노래하니 사랑과 이별은 삶의 한부분이 되었다.

10월이 며칠 남았다. 며칠 남았지만 10월은 풍성한 달이어서 보내고

싶지 않다. 좋은 달이라고 10월을 붙잡고 있으면 11월은 오지 않는다.
 아!
 낙엽이 지기 전에 10월은가고 10월이 가지전에는 그리운 사람이 생각난다.
 낙엽이 흩날린다, 낙엽이 떨어지니 가슴 한켠이 썰렁하다. 괜시리 외로워진다. 첫사랑도 생각나고 사랑을 고백하다 퇴짜 맞은 친구도 생각난다. 10월은 아름다운달이다. 잊혀진 사람들을 생각나게 하니 그들에게 편지를 써봐야겠다. 비록 부치지 못하는 편지 일지라도 편지를 써 봐야겠다. …

늦게 배운 공부 신난다

2024년 여름이었다. 지인 중 한사람이 컴퓨터를 배우러 다닌다고 하여 무엇을 배우나 호기심이 생겨 따라갔다. 컴퓨터를 배운다고 하여 학원인 줄 알았는데 장애인협회에서 장애를 가진 사람들에게 무료로 가르쳐 주는 곳이었다.

처음에 취지는 장애인을 상대로 하였지만 장애인들이 매년 많이 생기는 것이 아니기에 정상인들과 섞여 배우는 곳이었다. 장애인들은 무료이고 일반인들은 수업료를 받아 같이 배우는 곳이다. 그래서 나도 등록을 하고 종목을 골라 책을 신청했다. 종목은 한글, 파워포인트, 엑셀, 3종으로 본인이 배우고 싶은 것을 골라 수강 하는 것이었다.

올해는 역사상 가장 더운 온도를 자랑할 때이어서 더위를 피할 요량으로 파워포인트를 배우려고 등록 하고 일주일에 두 번씩 출석을 하게 되었다. 내가 들어가기 전에는 3명이었는데 나와 뒤에 들어온 사람들과 합쳐 8명이 되었다.

나이를 따져보니 60대가 4명 70이 넘은 사람들이 4명 합해서 8명이다. 공부에는 나이는 문제가 될 수 없다고 하면서 열심히 공부를 하는데, 공부를 하다 보니 잘 따라 가는 사람이 있는가 하면 못 따라 오는 사람도 있다.

공부를 하다보면 무엇이든 "때가 있다"는 말을 실감한다. 수업 할 때는 열심히 배우고 익히지만 책을 덮고 문지방을 넘으면 생각이 나질 않는다. 또한 집에 오면 집안일에, 다른 일이 바빠서 책을 볼 시간이 없다. 그래서 예습은물론 복습을 할 수가 없다. 그래도 수업시간에 선생님이 "알겠어요?" 물으면 대답은 가장 크게 한다.

"알겠습니다."

그 중에 나는 컴퓨터를 만져본 사람이라 다른 사람들보다는 잘한다고 칭찬을 자주 듣는다. 그렇지만 엑셀을 배우는 시점이 되자 머리가 아프다. 이것은 계산을 하되, 더하고 빼고 곱하는 것이라 머리를 굴려야한다. 수학으로 밥 먹고 산다면 아마도 그 똥은 시커멓게 될 것 같다.

사람은 저마다 잘하는 것이 있다. 어느 사람은 계산을 잘하고, 어느 사람은 글을 잘 쓰고, 저마다 잘하는 것이 있는데 나는 문학 쪽이라 한글이 잘 맞는다. 그런 사람이 계산을 하려니 머리가 질끈 거리고 재미없다.

공부하는 사람은 8명인데 8명모두가 구구절절 사연이 있다. 여러 가지 사연 중에 가장 큰 사연은, 젊어서 못한 공부를 하고 싶다는 내용이다.

어려서는 가정형편상 공부를 못했고, 결혼해서는 자식들 키우느라 내 시간이 없었다. 세월이 흐르고 자식들은 결혼하여 내 곁을 떠나고 나니 비로소 나의 시간이 생겼다. 시간이 생겼다고 그냥 지내자니 심심하고 무엇을 배울까 검색하다가 컴퓨터를 배우면 해결되는 것이 많을 것 같다고. 그러다가 여기로 나오게 되었단다.

처음시작은 취미삼아 하려고 시작은 하였으나 공부를 하다 보니 더 깊이 하게 되었으며 자격증도 따고 싶은 욕심이 생겼다고. 그리고 공부가 재미있으며 수강하러 오는 것도 즐거워 요즘에는 살맛이 난다는 사람들이다. 이른바

"늦게 배운 공부 재미있어 날 새는 줄 모른다." 좋은 현상이다.

컴퓨터 수강은 3개월 단위로 공부를 한다. 파워포인트 3개월 공부가 끝났고, 엑셀 과정도 3개월인데 거의 끝이 난다. 배움은 계속되어 다음은 한글 분야다. 한글이라면 자신 있는 분야라 여기에서는 내가 잘 한다는 칭찬 들을 것 같다.

공부를 하다 보니 재미기 있고 선생님께 칭찬 받으면 어깨가 으쓱해진다. 내가 젊어서 이렇게 열심히 공부를 했으면 서울대학은 문제없었을 것이고, 전문직에 종사하지 않았을까 싶은 생각이 든다.

내 나이 올해로 나이 71인데도 공부를 하고 싶어 하니 나 자신에게 칭찬 해준다. 나 자신에게 토닥토닥 격려도 한다. 공부시작한지도 일 년이 다 되어간다. 수요일과 금요일, 공부하러 가는 날이 기다려지고 수강생들과의 만남이 좋기만 하니 회춘하는 것 같아 얼굴엔 화색이 돈다.

젊어서는 식구들의 뒷바라지에 자식뒷바라지 하느라 하고 싶은 공부 못했으나 지금은 걸리는 것이 없으니 그 어떤 분야라도 하고 싶다면 도전해야겠다. 그것이 자격증이든 졸업장이든 간에 말이다...

아들과 컴퓨터

　아들은 초등학교 3학년 때 허리를 다쳤다. 가을 운동회를 하는데 기마전을 한다고 밑에 깔려서 허리를 다쳤다. 그래서 운동을 못하고 책을 보거나 TV이를 볼 때가 많았다. 나가는 것보다 방에 있는 시간이 많으니 저러다가 성격이 소심해질까봐 걱정 되었다. 대인기피증 걸릴까봐 근심이 되었다. 병도 낫고 공부도 잘할 수 있는 방법이 없을까 그런 방법을 연구했다.

　아들이 나가 놀지 못하고 방에 있는 시간이 많아지자 나의 속은 까맣게 타들어 갔다. 애들은 뛰고 놀아야 정상인데 아이가 방에서만 있으니 우선은 역사만화책을 사주었다. 책이라도 본다면 공부에 도움이 될 것 같아서였다.

　때마침, 우리나라에 컴퓨터가 1985년 정도에 보급이 되기 시작 했다. 컴퓨터란 말 자체가 생소했고, 컴퓨터를 배우면 그것을 어디다 써먹을지는 모르겠지만 배워두면 좋을 것 같아서 아들을 컴퓨터 배우게 했고 거금을 들여 컴퓨터를 장만했다.

오산에 마침 컴퓨터학원이 생겼다. 학원도 보내고 컴퓨터를 장만하자 주변사람들은 나를 이상하게 생각했다. 컴퓨터 그것이 뭐라고 3백만 원이란 돈을 들여 시골에서 아이들에게 교육 시키냐고 걱정과 우려를 했다. 그러자 시부모님은 나를 야단했다. 자식교육은 적당히 하고 돈이 모이면 땅을 사라고 했다. 시부모님이 보는 나는, 치맛바람처럼 보였나보다.

부모님을 설득했다. 앞으로의 세상은 어떻게 변할지 모르지만 변하는 세상을 따라가려면 무엇이든 배워야 하며 배우는 데는 돈이 들어가지 않겠느냐고 이해해달라고 했다. 설사 내말이 옳았을지 몰라도 시골이었고 고정수입이 없었기에 돈이 많이 들어가는 교육에는 야단 하셨다.

교육은 백년대게다. 더욱이 신교육은 더 배워야 하지만 교육이라는 것이 금방 효과가 있는 것이 아니다. 꾸준히 3년 이상은 배워야 무엇인가가 나타나기에 나도 아이에게 새로운 교육을 시켰으나 그것이 아이에 인생에 무슨 도움이 될지는 뭐라고 확실히 장담 할 수 없었다. 세상은 변하는데 변화하는 것을 받아들여야만하기에 컴퓨터에 투자를 많이 했다.

컴퓨터는 자판기만 두들긴다고 세상을 알 수 없다. 용산 전자상가에 한 달이면 두 번씩 새것을 접하라고 서울을 보냈고, 무엇이든 사서 정보를 얻으라고 용돈을 두둑히 주어서 보냈다.

새것을 접하고 돌아온 아들은 서울만 다녀오면 신이 났고 학교에 가서도 자랑하니 기 살리는데도 효과가 있었다. 신교육, 이런 것에 돈을 아끼지 않고 미래를 위해 투자했다. 언젠가는 그 효과가 나타날 것 같았다.

나의 집념에 야단하시는 부모님과 남편을 섭섭해 하지 않기로 하고 그 외에도 월간지 과학이란 잡지를 구독하게 했다. 야단해도 못 들은 척 하자 계속되는 투자를 못 본척하였다. 덕분에 아들과 딸은 10년 동안 컴퓨터를 배웠으며 컴퓨터에 능한 자가 되어 그쪽으로 대학을 갔고 컴퓨터로 밥 먹는 직업을 가지게 되었다. 그때의 내가, 야단이 무서워 부모님의 반대로 내 집념이 꺾였더라면 아이들은 그저 평범하게 살고 있을 것이다.

그때의 나는, 아들이 방에서 보내는 시간을 효과적으로 보내라고 컴퓨터를 가르쳤지 컴퓨터의 지식으로 먹고 살 줄은 나도 몰랐다. 또한 컴퓨터가 온 세상을 지배 할 줄은 누구도 몰랐다. 그저 세상이 변하니까, 거기에 발 빠르게 발을 들여 놓았을 뿐인데, 미래를 보는 나의 선견지명이 자식들을 앞서가는 존재로 만들었으니 부모가 앞서가야 자식도 따라가는 법이다. 부모들도 깨어 있어야 할 것이다.

양보가 뭐래요?

가끔씩 서울 나들이를 한다. 모임 때문에 가기도 하지만 친구 만나러 가기도 한다. 서울나들이는 행복 충전이다. 보고 듣고 느껴지는 것이 있어서 서울나들이를 한다. 서울을 한번 다녀오면 한 달간은 마음이 진정이 되는데 한 달이 지나면 또 나들이를 하고 싶어 구실을 찾는다. 여행이 좋아서다. 움직일 때는, 걸을 때는, 내가 살아 있는 것을 느끼기에 행복하다.

오산에서 서울행 전철을 타면 대부분 자리에 앉아서 간다. 출 퇴근 시간을 피해 가기 때문에 자리에 앉아가는 때가 많은데, 반대로 서울역에서 오산으로 오는 전철을 타면 서서 올 때가 가끔 있다.

허리 다치기 전에는 자리를 찾지 않았다 서서 오다가 자리가 나면 고맙게 생각 하고 앉아서 왔건만, 허리 다친 후부터는 빈자리를 찾게 되었다. 그날도 서울역에서 급행을 탔는데 사람이 많았다. 노인 석으로 가자니 자존심이 허락하지 않아서 임산부 지정석으로 갔다. 그런 자리는 젊은 사람이 앉았을 경우 양보를 받기도 하고 일찍 내리는 사람이 있어서 그쪽으로 갔다.

임산부 지정석에는 젊고 건장한 남자가 앉아 있었다. 그래서 양보를 받을 수 있을까 하고 기다렸으나 10정거장 가도록 젊은 남자는 휴대폰을 보면서 전혀 양보의 낌새가 보이지 않았다. 그래서 다른 쪽으로 옮기려니 자리가 나서 앉게 되었는데 그 후 두정거장 가더니 그 젊은이는 내렸다. 어른을 배려하는 것은 자유이겠으나 임산부석에 앉았을 때는 앞에 서있는 여자에게 양보했으면 좋았을 테고 양보 받았으면 그 젊은이에게 축복했을 텐데 배려심이 메마른 현상을 보아서 매우 씁쓸했다.

그 시간은 오후 3시쯤이라 한가했는데도 요즘의 젊은이들은 양보가 없다. 내 나이가 양보를 바랄만큼 먹은 것도 서러운데 배려하는 마음이 없는 현상을 보니 가슴이 먹먹해진다.

나에게도 젊은 시절이 있었고 양보도 했다. 어른이 나보다는 우위였다. 그래서 양보를 미덕으로 알고 살았다.

꼰대처럼, 옛날에 내가 그랬다고 강요하는 것은 아닌데, 나 아닌 다른 사람이 그 앞에 서 있어도 그 젊은이는 양보 안 할 사람이었다.

내가 건강했다면 양보를 바라지도 않았을텐데, 나이 먹고 몸이 부실하여 괜시리 양보를 바라고 있으니 내가 불쌍하다. 바람이라면 내 허리가 자리에 앉지 않고도 거뜬히 다닐 수 있는 체력이 되었으면 좋겠다. 그러다가 나도 어린이나 임산부가 오면 자리를 양보하는 그런 때가 오기를 바래본다. 어쩌다 가는 서울행, 오는 길 가는 길 즐거운 일만 생기길 기도해본다.

우리 집만의 명절 음식

1 - 수수 부끄미

　우리 집은 밭이 많아 잡곡을 많이 심었다. 그 중에 하나인 수수를 심었는데, 그 수수로 명절이면 부끄미를 만들어 먹었다.
　수수 부끄미는 약간은 거칠지만 감칠맛이 있어서 명절만 되면 꼭 해먹었다. 수수 부끄미는 색이 거므스름해서 아이들은 좋아 하지 않았다. 맛도 조금은 거칠다. 그래서 아이들에게는 인기가 없었다. 그러나 어른들이 좋아하니 안 만들면 서운해서 매년 명절음식으로 만들어 먹었다.

2 - 찹쌀 부끄미

　수수 부끄미보다, 찹쌀 부끄미는 온 가족이 좋아해서 많이 만들었다. 팥으로 속을 만들고 찹쌀은 경단 모양으로 둥글게 부쳐서 반달모양으로 만드는데 기름은 들기름으로 두르고 해야 많이 맛이 있었다.
　떡국은 큰집에서 먹고, 우리 집은 부끄미 만드느라고 온종일 가족들이 둘러 앉아 만들어, 명절 지나고 집에 갈 때는 한보따리씩 싸들고 가는 바람에 한말씩 만들었다. 이것도 부모님 돌아가실 때까지 만들어 먹었다.

3 - 약밥

　명절 음식 중 약밥은 손주들까지도 잘 먹어서 큰 시루에 두 말씩 만들었다. 약밥은 시루에 두 번씩 쪄야만 부드럽고 맛이 있다. 이렇게 많이 만들어 돌아 갈 때는 푸짐히 싸주는 내 버릇으로 3가지 음식은 필히 만들었다.

　내 노력으로 음식 많이 만들어서 넉넉히 먹었으며, 돌아갈 때는 한보따리씩 싸주었기에 세월이 지났어도 그때를 즐겁게 말하고 있으니 곡간에서 인심난다는 말이 맞다. 그때는 농사를 많이 지어 아까운 것이 없었기에 가능했고 먹을 사람이 많았기에 만드는 것도 즐거웠다.

4 - 모찌

　찹쌀을 가루내어 집에서 반죽을한다. 둥글게 경단을 만들어 뜨거운 물에 삶아낸다.

　뜨거운 물에 경단을 넣으면 처음에는 가라앉다가 익으면 동동 뜬다. 그러면 그것을 건져 큰 그릇에 담아 절구 공이로 쿵쿵쿵 찧는다. 그러면 찹쌀이 다 뭉쳐진다. 그것이 다 뭉쳐지면 손으로 작은 공처럼 동그랗게 만든다. 공처럼 속을파서 팥 소 를 넣고 감자가루를 묻힌다. 이른바 모찌가 된다.

　농사를 지으니 잡곡이 많았고 곡식도 풍성해서 명절 음식을 많이 만들었다. 그것을 명절에 오는 손님들에게 봉숭으로 싸주는 재미가 있었다.

지나간 시절을 회상하자면 재미가 있다. 물론 힘은 들었어도 젊었기에 가능했다. 지금은 만들어도 먹을 사람이 없고 만들 기운도 없다. 그저 추억하는 것만으로도 미소가 번지니 "기억이 없으면 그리움도 없다"는 말이 명언이다.

포대기

 주말이 되거나 명절이 되면 친손 주와 외손 주들이 집에 온다.
 아이들이 아직은 돌이 안 지났기에 어미들은 애들을 앞으로 띠를 하여 안고 들어온다. 그 모습을 보면 보는 것만으로 힘들어 보인다. 애를 받아 안으면서
 "업으면 편할 것을 안고 다니냐?"했더니
 "업으면 더 불편해요. 그리고 안짱다리가 될지도 모르잖아요." 한다.
 앞으로 안는 것은 편하고 뒤로 업으면 불편하다고?

 내가 아이를 기를 때는 집안의 일도 많고 어른도 공경해야하니 애들이 집안에 마구 돌아다니게 둘 수가 없어서 밥을 해도 업고하고. 일을 해도 업고 했다.
 아이를 업으려면 포대기가 있어야한다. 포대기로 아이를 업으면 아이는 엄마의 등이 넓은 세상이 된다. 등에서 엄마와 나란히 세상을 보니 편하고. 엄마가 하는 일을 다 볼 수 있어서 서로가 편했다. 장시간업고 있어도 보채지 않아서 한나절 업고 있는 것은 예사였는데 일하다보면 어

느새 아이는 잠이 들고 잠든 애를 눕히면 나도 잠시 쉴 수가 있어서 좋았다. 그런데 요즘의 엄마들은 앞으로만 안으려고 하니 이해가 안 된다.

애들은 업어야 엄마나 아이나 다 편한 것 인데 어째 요즘여자들은 업는 것은 마다하고 안고 다니는지... 그래서 나도 한번 안아보았다. 그랬더니 10분이 안되어 허리도 아프고 가슴도 뻐근했다. 아이를 등에 업는 것보다 몇 배나 힘들고 버티기 어려웠다. 젊은 엄마들 힘이 장사다...

언젠가 포대기에 관한기사를 보았다.

어느 박사가 논문을 썼는데, 띠로 걸어서 아이를 앞으로 안고 다닐 때와, 포대기로 업으면 어떤 점이 좋고 어떤 점이 단점인가를 연구해서 발표한 적이 있었다.

우리세대는 당연하게 포대기로 아이를 길러서 그 점이 뭐 문제이겠나 싶었는데 지금의 새댁들을 보니 문제가 심각하다.

앞으로 안고 다니니 엄마 등이 굽을까 염려도 되고, 보기에 아이도 엄마도 힘들어 보인다. 그래서 포대기에 장점을 말해주었는데도 새댁들은 마이동풍이다.

그 박사의 논문의 내용을 빌리자면?

띠의 단점은 이렇다.

* - 앞으로 띠는 엄마와 아이가 마주 닿으니 엄마밖에 안보이고
* - 서로의 심장이 빨리 더워져서 성격이 다혈질의 우려성이 있으며
* - 숙면을 할 수가 없다는 것이다.

반면에

포대기로 업으면

* - 엄마의 등이 넓어서 세상이 된다.

* - 얼굴을 아무리 비벼대도 열이 오르지 않아서 좋다.

* - 엄마와 사물을 나란히 보아서 좋다.

* - 오랜 시간 업혀도 지루하지가 않다.

이 내용은 50대 이상의 여성들은 당연히 알고 있는 내용이라 별 다를 게 없지만 요즘의 여성들은 신경 쓰고 보아야할 내용이다.

아이를 키우려면 포대기가 없어서는 안 된다. 포대기는 필수품이다.
이포대기가 우리나라 여성들에게는 푸대접인데 외국인들에게는 대인기품이다.
인터넷에 「포대기」를 쳐보면 포대기가 뜨면서 아이를 업을 때 혼자 포대기를 잘 매는 법까지 소개를 하고 있어 외국여성들은 무척 좋아하는 제품이라 한다.
위의 내용들을 외국의 여성들도 동감하는 터라 포대기를 이용하는 사람이 많아지고 있다 했다. 포대기를 이용해본 여성들은 한국인들의 지혜에 탄복을 한다는 내용의 기사도 본적이 있다.
이렇게 전 세계적으로 유명해진 포대기를 우리나라 여성들은 홀대를 하며 이용하기를 꺼려하니 안타깝다. 이유가 어쨌거나 나는 어미들에게 포대기 쓰기를 강권했다.

며느리가 셋째아이를 출산하고 얼마가 지나자 집에 오면서 아이를 등에 업고 들어오는 거였다. 집에 들어와서도 혼자 아이를 척척 들쳐 업는 거였다.

깜짝 놀란 나는

"웬일이냐? 업는 것보다 안고 다니는 게 좋다면서?"

"어머니 아이를 업고 보니 훨씬 힘이 덜 들어요. 진작에 업고 다닐 것을 제가 괜히 고집을 부렸어요. 어른들이 하신 것은 그만한 이유가 있는 것인데 옛날 것은 모두가 고리타분하다는 인식이 있어서 그랬어요. 죄송해요~"

머리가 띵~하다.

우리 며느리는 그래도 잘 받아들인 예이나, 딸은 아직도 안고 다니며 힘들어 하고 있다. 교육을 아무리 시켜도 안 받아들이면 본인이 손해니 자식이지만 어쩌겠나. 본인이 더 고생 해야지...

옛날 어른들의 말은 그 만한 이유가 있고 거의가 현명하다고 따르면 좋겠으나 그것도 자유요 옛것은 모두가 불편한 것이야 하면 도리가 없으니

"젊은 엄마들아 어제가 없으면 오늘도 없으니 계승발전을 잊지 말았으면 좋겠어요".

분명한 것은 가장 한국적인 것이 가장 세계적인 것임을 잊지 말아야겠다.

고운 늙음

    나는 관계를 좋아한다. 만남을 좋아해서 누구를 만나도 대화를 즐기며 재미있는 시간을 가진다. 말을 할 수 있다는 것은 사람만이 할 수 있고, 말로서 그 사람의 전부를 알 수 있기에 만남은 인연으로 이어지게 된다. 대화를 통해서 서로를 알아가는 것은 긴 시간이 아니더라도 마음을 전 할 수 있고 근심을 덜어 낼 수 있다.

    대화할 때는 눈을 쳐다본다. 눈 속에는 깊은 호수도 있고, 검푸른 바다도 있고, 맑은 시내도 있다. 눈 속에는 많은 이야기도 담겨있다. 대화하는 내용이나 요령은 나이 따라 달라지지만 내 나이가 있는 만큼 나이 드신 분들의 이야기를 더 귀담아듣는다.

    어른들의 말을 들어 보자면, 이야기의 내용은 모두가 힘겹게 살아온 내용들이 많다. 7~80년 세월이 어찌 그냥 흘렀겠는가? 그 세월 속에는 모진 비바람도, 천둥과 번개도, 가뭄과 기근도 있었을 것이다. 그 세월을 살다보니 나이를 먹지만 나이가 얼굴도 먹어버린 경우가 있다. 피부는 고운데 주름이 생겨서 거울을 볼 때마다 주름아 없어지라고 주문을 외울

정도이다. 어떤 이는 보톡스를 맞고 주름을 펴서 나이를 몰아내는 경우도 있다. 젊게 보이고 싶은 마음일 것이다.

나이에 비해 고운 자태를 유지 하는 사람들이 있다. 그 사람 젊어서 고생을 안 했기 때문이다. 젊어서 몸을 아낀다면 나이 먹어도 늙지 않는다. 반대로 젊어서 고생을 많이 한사람은 몸도 마음도 힘들었기에 얼굴에는 세월의 흔적이 깊게 들어 있다. 고생의 흔적은 온 몸으로 눈 밑에 자 욱으로 나타난다. 특히 아픈 사람은 더욱 그렇다.

나이를 먹으면 누구나 늙지만 할 수 있는 한 곱게 늙고 싶다. 주름살, 그것만은 피하고 싶다. 그러나 그것은 희망사항일 뿐이다. 그러나 나이가 얼굴을 먹는다고 비관 할 필요는 없다. 그냥 받아들이는 것이다. 세월이 주는 주름, 두툼한 눈두덩이, 이 모두는 세월이 주는 훈장으로 여기고 그러려니 하고 사는 것이다. 그러다보면 좋은 세상으로 갈 때가 있을 터이니 잘살아보자. 세월이 주는 선물이라 생각하자. 거울 보는 것이 즐겁지는 않겠지만 그것 까지도 즐겨야 진정한 노인 측에 드는 것 아닐 랑 가.

즐거운 아이크림

눈 밑의 근육이 당기는 느낌이다. 피부가 건조해서 생기는 현상이므로 아이크림을 바른다. 그러면 근육은 부드러워지고 피부가 여유를 가지지만 눈 밑의 검은 색은 없어지지 않는다. 눈은 마음의 창이니 아름답게 깨끗하게 가꾸어 보려고 아이 팩도 바르고 벌꿀 팩도 해보는데 열심어린 노력에도 별로 효과가 없다.

65세가 넘으면서 몸이 여기저기 아팠다. 아픈 곳이 많아졌으나 나이 탓 할 만한 것은 아니라고 치부하고 적응하며 잘 지냈다. 그래도 견딜만 했고 눈 밑에는 아무런 이상이 없었다.

30년 동안 앓아오던 목 디스크를 수술했다. 수술 후에는 회복하느라 몸이 너무 많이 아프더니 눈 밑이 움푹 들어갔다. 검은 색이 생기면서 다크 서클이 자리 잡았다. 눈 밑의 다크써클이 생기자 거울 볼 때마다 신경이 쓰여서 이유가 무엇인가 알아보았더니 그 이유는 고속노후의 증상이라고 의학은 말하고 있다. 그 외에도 눈 밑의 피부가 얇고 하애서 검은색이 잘 보이는 현상이고, 또 하나는 나이 들어 호르몬이 생기지 않아서 그런다고 했다.

노후 현상중의 하나로 70세가 넘은 사람 중 어느 사람은 어떤 사람은 눈 밑이 도드라지게 올라와서보기 흉한데, 나는 눈 밑이 움푹 들어가며 검은색을 띠니 더 보기가 싫다. 나이 드는 것도 서러운데 얼굴이 예진 모습이 아니다. 어느 때는 코알라 같아 보이고, 어느 때는 저승사자 같아 보인다. 거울보기 싫다.

나는 소망했다. 나이 먹되 곱게 늙기를, 얼굴은 60세 때 그 얼굴로 변함없이 잘 늙어가기를. 그러나 내 소망은 공염불이 되었다. 피부는 고운데 다크써클 때문에 예쁜 모습이 사라졌다. 성형을 해서라도 젊었을 때 예쁜 얼굴을 찾고 싶다. 나이 먹어도 중후하게, 후덕해보이도록 늙고 싶었는데 예전의 내 모습은 없다.

얼굴의 표정과 주름살의 흔적은 그 사람의 인생을 보여주는 삶의 전광판 같다. 보기만 해도 선해 보이는 인상도 있고, 주름살 있어도 곱게 늙은 사람도 있다. 그런 모습은 닮고 싶은 모습이다.

오늘도 나는 거울을 보며 빌어본다. 하루를 살아도 젊어서의 내 모습이 많이 남아서 좋은 인상으로 남기를 소망한다. 사랑의 보톡스 많이 날리고 화평과 희락의 열매를 많이 먹어 얼굴에 활짝 피어나서 남에게 선한 영향력을 끼치는 사람이 되고 싶다.

주름살 있어도 좋다. 조금 늙은 모습도 괜찮다. 웃음이 많으면 된다. 웃는 얼굴 복된 얼굴이다. 웃어서 행복해지자. 웃음은 아이크림이다. 즐거운 늙음이다.

다크써클이 생기고 주름살 생겼어도 행복하게 감사하련다. 그래야만 즐거운 삶이 될테니까.

지금이 좋아

제16회 여성상

봄이면 꽃이 핀다. 따뜻한 햇살과 땅의 기운을 받고 충분히 비를 먹은 후에 아름다운 꽃을 피운다. 꽃 피는 것도 다 때가 있다고 말을 하지만, 나의 인생은 언제가 가장 좋았고 언제 꽃을 피웠던가.

내 인생의 봄날은 10대도 아니고 20대도 아닌 30대였다. 흔히들 20대가 가장 아름다운 때라고 말들 하지만 나에게 20대는 바람과 같았다. 내 인생의 봄날은 30대 39살 때였다.

20대에 결혼을 했지만 시집살이 하느라 눈코 뜰 새 없이 바쁘게 지나갔고, 바로 아이가 생겨서 더더욱 바빴다. 그래서 봄이 오는지, 여름이 오는지 가을이 왔는지도 모르게 세월이 빠르게 지나갔다.

아이들이 초등학교에 들어가고 "자모"라는 자격으로 학교 출입을 했을 때 그때의 감격은 세상을 다 얻은 듯했다. 더욱이 아들이 공부를 잘해서 자주 상을 받아오니 신동인 것 같은 착각에 빠지기도 했다.

애들이 학교에 들어가자 뒷바라지 하게 되었는데 자식을 위해서라면 못 할 것이 없다는 의지가 생겼다. 학습에 필요한 것, 공부에 필요한 것은 다 구해다 주었고 아들과 딸은 여행을 자주 보냈다. 남에 눈에는 극성 엄마라고 보일정도였다.

아이들은 힘의 원천이었다. 그러나 나의 환경은 농사가 많았고 식구도 많아서 힘이 들었다. 그러나 환경이 열악하다 할지라도 이겨 보려고 노력 하였다. 그때의 나는 엄마라는 이름표를 달았기에 초인적인 힘이 생겨 가정이라는 둥지를 잘 지켜야했다.

그리하여 "어디서 사느냐가 중요한 것이 아니라 어떻게 살아 내느냐가" 중요했다. 부모님도움으로 살았다면 편하게 살았겠지만 남편과 나는 무에서 유를 만들며 살아야 해서 무척이나 고단했다. 그러나 잡초일수록 잘 살아내는 것처럼 동네 새마을 부녀회에 가입하여 봉사하였고, 문학회에 들어가 글도 썼으며, 동에 번쩍 서에 번쩍 일도 열심히 했다.

아들과 딸은 공부를 잘했다. 아들은 중학교 때부터 장학금을 받았고 영재 반에 들어가 특별 관리를 받았다. 이런 아들을 보니 힘들어도 거뜬히 털고 일어 났으며 무엇을 해도 거칠게 없었다. 그 와중에 글을 써서 책을 내었고 봉사한다고 표창장도 받았다.

세월은 강물 같이 잘도 흘렀으며 글을 쓴지 36년이 흘렀다. 그동안 23권의 책을 냈고 많은 상을 받았지만, 가장 기억에 남는 상은 오산시에서 주는 "제 16회 여성상"이었다.

여성상은 4가지 기준이 있었다. 시부모님 모시고 있어야 하며, 남편공경 잘하고, 자식 잘 키워야 하며, 자기계발 한사람, 이 네 가지 중 세 가지는 해당 되어야 그 상을 주는 것이었다. 그런데 나는 4가지가 다 해당 되어 금 다섯 돈 메달을 받고 원삼 족두리를 입고 상을 받았다. 원삼족두리 입은 것은 내가 상 받을 때 까지였고 그 다음해에는 개인의상으로 대체했으며 여성상도 2년 후에 없어졌다.

나의 좋은 때는 39살, 나의 봄날은 이때였다. 힘들었지만 부모공경 잘했고 남편이 많이 아팠어도 극진히 간호했다. 아들과 딸은 공부를 잘해 명문대학에 들어갔으며 나는 글을 열심히 쓰고 봉사 많이 하여 삶의 질을 높여 갔다.

봄이 오려면 모진 겨울을 이겨 내야만 한다. 칼바람도 견디고 천둥번개에 놀라기도 하고 비바람도 맞아야만 봄은 온다. 봄은 이러한 고초를 잘 견디는 자에게 번성하는 기쁨을 주고 누리는 혜택도 주는 것이다. 나도 이런 악조건을 잘 이겼기에 상도 받았고 아이들도 잘 자라 준 것이다. 나의 봄날은 39살에 시작하여 50대에 여름을 맞고 60대에 가을이 되어 추수를 하고 곳간을 채우고 있다.

앞만 보고 달려온 세월, 71을 넘기고 있다. 돌아보니 살아온 세월이 장구한 세월 이었다. 그 세월 속에는 기억하기 싫은 시간도 있다. 그러나 좋은 때만 기억된다면 추억이 아닐 것이다. 봄이 있었기에 가을도 있는 것이니 겨울이 되면 곡간을 헐어 나누는 기쁨도 누려야겠다. 곳간을 비우다 보면 또 다시 봄이 올 것이고 그 곳간은 채워질 것이니 욕심은 내려놓고 나누는 기쁨을 가져야겠다.

곡간을 채우려면 좋은 씨를 심고 싹이 나길, 싹이 자라려면 봄이, 또한 좋은 열매를 맺어야 그 열매로 곳간이 채워질 것이 아닌가.

71이 넘어도 인생의 황금기는 있다. 그 인생의 황금기를 다시 한 번 기쁨으로 맞이하려고 봄을 기다리며 다시 한 번 인내하고 있다.

자가용마차

시어머님은 나이 69세때 중풍을 맞았다. 그때는 우리 딸이 동국대학교에 합격하여 방을 얻어주려고 서울 갔을 때의 일인데, 중풍으로 쓰러져 동 수원 한방병원에 입원했으니 그리로 빨리 오라고 소식을 받았다.

뇌출혈은 머릿속에서 터지기 전 몸으로 신호가 온다. 언어마비가 오고, 아침에 일어날 때 쓰러지기도 하고 어지럽기도 한다. 시어머님은 이렇게 3번을 몸으로 신호를 받았다. 두 번은 내가 집에 있을 때 쓰러져서 신속하게 조치를 하여 무사했다. 그런데 이번이 3번째 쓰러진 것인데 나 없을 때 쓰러져서 내가 손을 쓰지 못했다.

병원에가 보니 상태가 심각했다. 오른쪽 팔과 다리가 마비되었고 입도 오른쪽으로 돌아갔다. 우선은 입원하여 침도 맞고 뜸도 뜨고 치료를 받다가 조금 좋아지면 퇴원시키기로 결정했다, 식구들은 돌아가며 병간호 했다. 5남매가 당번을 정해 간호 했더니 시간은 잘도 흘러 금방 두 달이 흘렀다.

두 달 동안 병원에 계실 때는 잘 몰랐다. 금방은 불편하지 않았다. 의사선생님이 말씀하셨다.

"절룩거리지만 조금씩 발자국 을 떼니 일단퇴원하고 통원재활 치료 하라"고 했다.

집에서 병원까지는 상당한 거리이다. 택시로 다니는 것도 쉬운 일은 아니고 비용도 문제였다. 형제가 다섯이나 되어도 신우들 셋은 운전을 못했다. 차가 무서워 배울 마음도 없다고 했다. 시동생은 직장 때문에 서울에서 내려 올 수가 없다고 했다. 책임은 맏이인 남편과 나에게 떨어졌다. 남편도 직장에 다녀서 병원을 다닐 수가 없었다.

나는 운전을 배운 적도 없지만 이제라도 배우려니 학원비가 문제였다. 학원비는 100~150만원 든다고 했다. 나에게는 그 돈이 거금이었다. 시어머님은 일주일에 2번씩 침을 맞고 재활치료를 해야 했다. 가끔은 남편이 조퇴를 하고 병원을 갔고 그 외에는 택시를 탔다.

그렇게 두 달이 지나니 남편도 힘들고 돈도 힘들었다. 그래서 내가 운전을 배워야겠다고 마음을 먹고 아이들과 상의를 했다. 아이들은 말했다. 운전만 배우면 뭐하냐고, 차를 사야 되는 것 아니냐고...

농사도 힘들어 죽겠는데 병간호로 더 죽을 지경이었다. 그래서 적금을 깨기로 했다. 나에게는 비상금 300만 원짜리 적금이 전부였다.

아들과 딸은 대학 들어가기 전 면허 따게 학원을 보냈건만, 정작 나는 학원 다닐 돈이 없었던 것이다. 아이들은 젊어서 적은 돈으로도 면허를 땄지만 나는 나이가 많아서 걱정이 되었다. 50이 되어 가는 나이라 학원 가고 싶었다. 그러나 학원을 가면 차를 살수가 없었다.

딸이 말했다. 세마대 주차장에 연습으로 그려 놓은 곳이 있으니 거기서 연습해보라고 했다. 그러더니 내 적금을 깨서 280만원주고 중고차를 사왔다. 내 차로 운전연습을 해야 된다고 했다.

딸은 학교 가기 전, 아침에 차를 몰고 가서 한 시간씩 일주일동안 가르쳐 주었다. 출발, 멈춤, S자만 가르쳐 주었다. 나는 마음이 급했다. 얼른 면허증을 따야 시어머님을 병원에 모시고 다닐 수가 있으니 열심히 학교 운동장에서 아무도 없을 때 연습했다.

시골길은 면허 없이도 운전 했다. 내 배짱도 대단했다. 일주일 후, 신갈 운전면허 학원을 등록하고 학과 시험을 보았다. 무난히 60점 이상을 받아서 이론은 잘 넘어 갔는데 실기가 문제였다.

실기는 3번 떨어졌다. S자 T자 신호에서 떨어지고 3번 만에 합격했으며 주행도 남에게 한 시간 배워서 면허증을 땄다. 면허증을 따고 면허 시험장을 나오면서 길에서 크게 만세를 불렀다. 무에서 유를 창조한 것처럼 감격했으며 자신을 칭찬했다. 돈은 15만 원정도 들었다. 드디어 내가 국가고시 운전면허증을 땄다. 그때가 2000년도여서 지금은 25년 경력자가 되었다.

면허증 따고 차를 몰고 다니자 더 바빠졌다. 병원은 물론 그 외에도 미장원, 목욕탕. 집안의 대소사를 챙겨서 완전히 기사가 되었다. 차를 운전하자 갈 곳도 많아졌고 힘들었어도 부모님을 위한 길이었기에 두 분 다 돌아가시기 전까지 잘 모시고 다녔다.

운전을 배운 것은 부모님 병원모시고 다니려고 배웠고 23년동안 병간호 했는데 "고맙다" "미안하다" 그런 말을 한 번도 들어본 적이 없다. 너는 며느리이니까 부모공경은 당연한 것으로 여겨 오히려 큰소리치시니 서운했다. 힘들어도 나중에 후회하지 않으려고 열심히 부모공경 잘한 나를 내가 칭찬한다.

"정 여사 잘했어. 부모공경은 그냥 하는 거야. 그냥하다 보면 하늘이 감동하고 그러다보면 좋은 때 올 거야. 힘내자 정 여사"

작가의 꿈

　어려서는 동시를 좋아했다. 그래서 틈만 나면 책을 읽었고 손에는 늘 책이 있었다. 중학교 시절에는 이솝의 우화를 읽고는 동화를 쓰고 싶었다. 그러나 그런 기회는 오지 않았다. 큰 오빠가 집안재산 다 탕진하고 가세가 기울자 자주 이사를 다녀서 사는 게 바빴다. 그래서 희망은 가슴에 품고 대신 책을 많이 읽고 노트에 필기 했다.
　일기를 날마다 썼고 친구들하고 편지를 많이 썼다. 군인아저씨들에게 위문편지와 펜팔을 하여 문학적 소질을 꾸준히 다듬었다. 그러나 20살이 되어도 집안형편은 답보 상태여서 소망은 가슴에 접고 이것저것 노트에 필기를 열심히 했다.

　23살이 되어 결혼 했다. 그리고 이듬해 아들을 낳았다. 아이들이 생기자 육아 일기를 꾸준히 쓰고 아이들에게 들려주고 싶은 이야기 등을 꾸준히 필기를 했으나 농사가 많아서 고단했다.
　논이 30마지기, 밭이 5,000평이어서 눈만 뜨면 밭에 나가느라고 얼마나 바쁜지 마당 끝에 핀 꽃도 쳐다 볼 시간이 없었다. 그래도 틈틈이 책을 보고 노트에 필기를 했는데 점심 먹고 잠깐 짬을 내서 필기를 했다. 밤에 글을 쓰려니 고단해서 쓸 수가 없었다. 저녁 먹기가 바쁘게 잠이 들어서 밤에는 못 쓰고 낮에 점심 먹고 한두 시간 글 쓰고 밭에 나갔다.

내가 글을 쓰고 필기를 하려고 책상에 앉아 있으니 시어머님이 뭐하느냐고 물었다. 그래서 글 쓴다고 했더니

"글 써서 밥 먹고 살 수 있겠냐? 그 시간에 밭에 가서 풀이나 뽑아라." 하시며 핀잔을 주셨다. 핀잔을 받을 때마다 눈물이 났다. 딸이 글을 쓴다고 했어도 이렇게 핀잔을 주셨을까?

글을 쓸 때마다 핀잔을 받았어도 시도 쓰고 수필도 쓰고 꾸준히 글을 썼다. 그러다가 오산시승격기념 제 "1회 주부백일장"에 나가서 상을 받고는 더욱 열심히 글을 썼다. 시어머님의 잔소리는 한귀로 듣고 한귀로 흘렸다. 내소망은 작가가 되는 것이었으니 어머님의 잔소리도 내 꿈을 꺾을 수는 없었다.

세월은 흘렀고 1994년도에 첫 번째 수필집을 출간했다. 결혼하여 글 쓴지 17년 만에 책을 낸 것이다. 그래서 출판기념회를 했는데 시댁 식구들을 다 초대했다.

시어머님은 내가 글 쓰는 것을 못 마땅해 하셔서 출판기념식에 참석 안 하실 것이라 생각되었으나 그래도 말씀 드려야겠기에 초대 했다. 그런데 의외로 시부모님과 시댁식구 20명이 몽땅 참석 했다. 그리고는 출판기념식에 오셔서 눈물을 보이셨다. 대견하다 하시며 무척 자랑스러워 하셨다. 그 순간이 나에게는 "고진 감내"였다. 만약에 야단맞았다고 글

쓰는 것을 포기했다면 오늘의 나는 없었을 것이다.

 글을 쓰고 책 냈다고 책 팔아 밥 먹는 것은 아니다. 책을 팔려면 광고해야 한다. 광고하면 광고 한만큼 책은 팔리겠지만 그러려면 돈 많이 든다. 그렇지 못하니 책 찍어내느라 돈을 먹고 있지만, 나에게도 독자가 있다.
 책이 나올 때마다 책을 읽어주는 사람과, 내 글을 읽고 인생이 달라진 사람이 여러 명 있으니 이만하면 글 쓴 보람이 되지 않을까 싶다. 책을 읽은 사람들 중에 나보다 더 힘든 사람들이 있고 그들에게는 위로와 용기를 주었기에 그것으로 보람을 느끼는 것이다.

 어릴 때의 소망, 작가되는 것을, 서른아홉 살 때 이룬 것이다. 시어머님의 핀잔으로 포기했더라면 나는 아무것도 이루지 못하고 그저 평범한 사람이 되었을 것인데, 끈질기게 자신과의 싸움에서 승리를 한 것이다. 그래서 누군가에게 자신 있게 말 할 수 있다, 시간이 걸리더라도 포기하지 않으면 언젠가는 소망이 이루어 질 것이고 노력하다보면 이룰 것이다. 라고.
 지금은 문학입문한지 36년이 되었고 시 수필 동화 사진 집 등 25권의 책을 출간한 작가가 되었다.

 세상에는 돈이 많으면 못할 것이 없다. 돈으로 많은 것을 할 수 있지만, 그러나 창작은 돈 많다고, 돈으로도 될 일이 아니다. 그러므로 내 돈으로 책을 출간하고 그것을 나눈다고 비난할 일은 아니다. 오히려 책 낼 때마다 격려하고 응원해야 하는 것 아닐까?

 글은 사람의 마음을 감성으로 은은하고 여유롭게 만들게 하니 정서 함양에 이바지 하는 것을 높이 샀으면 좋겠다. 생각해본다.

장수하려면

2025년도는 내 나이 71세가 되는 해다, 뱀띠 해다. 뱀처럼 지혜가 더해지길 소망한다. 새해가 되었으니 새로운 계획을 세우고 무엇인가를 실천해 보려고 마음 먹었는데 몸이 말을 안 듣는다. 여기저기서 고장신호다.

2023년도 11월에 하순에 "대상포진"이 걸렸는데 그 이후에는 면역력이 떨어지는 것을 느꼈다. 힘을 쓰거나 애를 쓰면 몸에서 열이 나고 블랙홀로 빨려 들어가는 느낌으로 몸이 너무도 힘들어서, 그런 증세가 생기면 몸 상태를 확인하고 몸에 맞게 일을 해야 했다. 이른바 나이 체력이다.

처음에는 몸에 기운 없는 것이 적응이 안 되었다. 여지껏 살면서 몸에 힘이 빠져 쓰러질 정도는 되어 본적이 없었기에, 몸이 힘들어도 어떻게 든 이겨 보려고 애를 썼다. 그러면 더 힘들어졌고 나중에는 병원에 실려가서 의사의 말을 듣고 나서 진정 했다. 그리고는 앞으로 어떻게 하는 것이 좋은 지를 파악하게 되었다.

남편의 나이는 76세이다. 나이를 먹었으나 정신은 젊어서 날마다 청춘인양 일을 한다. 어느 때는 삼손 같다. 그러나 해를 넘길 때마다 몸에 힘이 빠진다고 힘들어 했다. 몸이 힘들면 이유가 뭘까? 분석을 해보려고 골똘히 생각에 잠긴다. 그러면서 풀이 죽는다. 나도 체력 고갈을 경험한 터라 위로를 한다.

"여보, 당신의 나이 76세 나이 적은 나이가 아니랍니다. 이제부터는 몸 상태를 확인하고 그에 맞게 살아야 해요"

이렇게 말했던 내가 71세가 되니 나도 힘들어 그 말을 다시 곱씹고 있다.

성경에는 그런 말이 있다.

"사람이 건강하면 70이요, 강건하면 80이라. 그러나 하나님이 복을 주시면 100세도 살 수 있다."고 했다. 그렇다. 건강 나이 70은 하나님이 주신 축복이다. 이어서 10년을 더 살면 그것은 강건한 것이다. 성경의 인물들은 한 결 같이 강건하게 살았다.

그렇다면 강건하게 80을 살려면, 이제부터는 전보다 더 몸을 관리해야 한다. 먹는 것도 잘 먹고 병원도 자주 가서 체크해야 하고, 먼 곳으로의 여행도 삼가고...그렇게 살다보면 80도 90도 100세도 살 수 있을 것이다.

무병장수는 분명 신의 축복이다. 그런데 요즘에는 병을 가지고 오래 살아 "유병 장수"시대인 것이다. 어찌되었건, 어떻게 살아도 목숨이 붙어 있으니 살아 내야 한다. 그러려면 노력해야한다. 세상에는 공짜로 얻어지는 것이 없기 때문이다.

장수하는 사람들을 살펴보면 그들은 과한 일을 하지 않고 스트레스도 받지 않는다. 욕심도 안 부리고 가진 것으로 족하며. 세상을 무탈하게 사는 방법을 터득하여 물 흐르듯 그렇게 사는 것이 장수하는 사람들의 특징이다.

나도 이제부터는 새로운 삶을 터득해야 한다. 장수하기 위해서가 아니라 몸을 편안하게 하려면 각별히 조심해야 할 것들이 있으니 젊어서처럼 생각하고 살면 안 되겠다.

나이 먹는 다는 것은, 힘을 내려놓아야 한다. 생각도 내려놓고 거리도 내려놓아야 한다. 여지껏 살아온 삶의 기준을 내려놓아야 몸이 편해진다. 남편과 나는 평생을 농사지어온 사람이라 힘으로 살아 왔으나 그 힘이 모자람으로 겪는 현상이니 서글퍼도 어쩔 수 없다. 나도 몸이 겪는 여러 가지 현상으로 힘들었으나 이제는 익숙해졌으니 어떻게 되어도 받아들여야 되는 현실로 나머지 인생을 살련다.

이 세상에 태어난 사람은 누구라도 저세상 가야 한다. 한번은 겪어야 되는 죽음 앞에 멋지게 다가서려면 의연하고 당당하게 다가가야 하니 주눅 들지 말아야겠다. 저세상 갈 때 가더라도 이승에서의 하루를 멋지게 즐기려면 일을 줄이고 즐거움은 늘리고 웃는 일을 만들어야 한다. 하하 호호 크게 웃다보면 몸의 세포가 살아나 하루가 10년같이 즐거울 테니 웃어보자.

아무 일 없듯이 자주 웃고 살다보면 몸에서는 아드레날린이 많이 나올 테니까.

장식장속의 기념품들

신혼 초부터 부모님하고 살았다. 나는 가족이 많은 것이 좋기도 했고 이사 다니는 것이 싫어서 처음부터 시집살이를 자처했다. 나는 시집살이를 즐겁게 하고 있는데 부모님은 나가서 살라고 등 떠미는 것이었다. 자식들과 같이 살면 당신들은 좋지만 시골에서의 삶이 힘들다는 말씀이셨다. 시골에서는 돈을 만들기가 어려우니 나가서 사는 것이 좋을 거라고 채근하셨다.

좋게 말을 해도 듣지 않으니 심하게 야단을 하셨다. 남편은 아버님의 야단을 듣고 사니 스트레스를 받는 것이었다. 그 스트레스가 쌓이더니 몸이 아프기 시작했다. 그렇게 남편은 10년 정도 병치레를 했다. 위암에 척추수술로 투병생활 했다. 모든 병의 원인은 스트레스다. 아버님이 완고하시니 아버님과의 마찰 때문에 위암이 걸렸고, 허리는 젊어서 다친 것을 제때 치료 못하여 아팠던 것이다. 젊어서는 아픔도 잘 이겼지만 나이 먹으면서는 심각하게 아파하기에 보는 것만으로도 내 마음이 아팠다. 아플 때마다 느끼는 것이지만 저러다 죽으면 어쩌나 하는 생각이 들었다. 그래서 작심 했다. 걸을 정도만 되면 여행을 시작해 보리라고 마음

먹었다. 가다가 죽더라도 세상구경 시켜주고 싶었다.

먹고 노는 것을 싫어하는 사람이 어디 있을까? 우리는 시부모님하고 살았고 어른을 중심으로 살아서 외출하는 것도 눈치가 보여서, 여행도 외출도 삼가하고 살았다. 그래서 여행에는 목이 말랐는데 여기서 더 미루면 후회 할 것 같아서 여행하려고 계획을 짰다.

여행을 어디로 갈까 생각을 해보니 국내도 안 가본 곳이 많아서 국내여행을 하려고 했다. 국내로 여행을 하려하니 집 걱정이 따라 올 것 같아서 아무래도 해외여행을 가야 될 것 같았다. 이왕에 여행가는 것 집 걱정 떨치고 마음 놓고 즐기리라 해외로 떠났다.

해외여행 처음 간 곳은 터키였다. 해외여행을 간다하니 다리가 아프다며 여행가기를 망설이는 남편에게 다녀오면 분명 좋아질 것이라고 설득했다.

"가슴 떨릴 때 떠나야지 다리가 떨리면 끝장이다"라며 여행을 강행했다.

터키는 볼거리가 많은 곳이었다. 여행 간다고 불평하던 남편이 울타리 밖의 풍경을 보자 어린애 같이 좋아했다. 여행을 가니 일을 안 해서 좋고, 맛있는 것 먹으니 좋고, 좋은 곳에서 잠을 자니 좋았다. 그렇게 여행을 다니더니 몸이 좋아져서 예전과 같이 돈 벌러 다니고 어디든지 외출이 가능했다.

여행 하면서 사진을 많이 찍었다. 사진과 더불어 그곳의 흔적이 새겨진 기념품을 샀다. 대부분 10불정도의 머그컵이나 냉장고에 붙이는 자석 판을 샀다.

여행은 가서도 좋지만, 갔다 온 곳의 흔적을 집에서도 보아야 좋을 것 같아서 가는 곳마다 그 지역의 풍경이 그려져 있는 기념품을 샀다. 냉장고에 붙이는 자석 형을 샀고 컵도 샀으며 그림도 샀고 여러 가지형태의 기념품을 샀다. 이렇게 여행을 다닌 곳이 50여 개국이 되었고 기념품도 모아보니 상당히 많다. 비싼 것도 있지만 소소한 것이 많다.

여행도 한때인 것 같았다. 여행을 많이 다녀보니 몸도 마음도 힘이 들었다. 그래서 이쯤에서 멈추어야 할 것 같아서 여행을 접으려고 할 때 코로나19가 터졌다. 그래서 여행은 그만 두었으나 코로나 때문에 발이 묶여서 답답했다.

코로나19로 전 세계는 서로 문을 닫았고 3년이란 세월로 발걸음을 묶었다. 3년지 지난 지금은 조심스럽게 문이 열렸지만 한동안 쉬어서 그런지 어디를 나서기도 쉽지 않다. 그 대신 여행에서 사왔던 기념품을 보며 다녀온 곳을 추억하고 있다.

거실에는 장식장이 큰 것 두 개가 있다. 그 장식장에 빼곡히 각종 장식품이 가득한데 장식장 앞에서 서성이며 기념품을 들여다 볼 때면 타임머신을 타고 영국도 다녀오고 스페인도 다녀오고 프랑스도 다녀온다. 재미있는 현상이다.

여행가서는 더 멋진 상품을 사오고 싶었지만 부피가 커도 어렵고 무거워도 어렵고 비싸도 안 되니 10불에서 20불사이의 물건만 사 왔다.

어떤 곳에서는 그림을 샀고 어떤 곳에서는 컵과 열쇠고리를 샀는데 그것도 여러 개 사다보니 돈이 많이 들어갔지만 세월이 지난 지금은 장식품 보는 재미가 쏠쏠하다.

몇 년간 여행을 다닌 결과 남편은 병이 다 나았다. 여행을 하려면 많이 걸어야 하고, 맛 난 것 먹고 새로운 풍경을 본 결과였다. 건강한 남편을 보니 여행하길 참 잘했다 싶다. 그때, 용기를 가지고 나서지 않았더라면 많이많이 후회했을 것이다. 현명한 판단과 결단력 추진력으로 다시 찾은 건강은 그 무엇과도 바꿀 수가 없다. 다시 찾은 건강과 올망졸망한 기념품이 위로가 되어 장식장을 볼 때마다 행복하니 "노세노세 젊어서 노세" 우리민요가 생각나서 흥얼흥얼 노래를 불러 본다.

전당포의 기억

오산 시내는 아직도 발전이 덜되어 옛날 건물이 곳곳에 남아 있다. 다방이라는 간판이 있으며 실내에는 옛날 쇼파가 그대로 있다. 다방에 들어가면 80년대 로 들어온 느낌이다. 또한 전당포라는 간판이 그대로 걸려있어 현실 속에 옛날이 잘 어우러진 느낌이다. 그 간판을 보노라면 아련히 옛 추억이 떠올라 타임머신을 탄다.

아가씨 때의 일이다. 미용을 배우고 싶었다. 결혼 전이나, 결혼해서도 써먹을 기술을 배우고 싶었다. 그래서 학원을 알아보았다. 미용 학원을 가려니 학원 측에서는 3개월 치 수업료를 한꺼번에 내라는 것이었다. 한 달 치씩 받으니 중간에 그만두는 일이 많다며 학원의 운영상 3개월 치 수업료를 미리 받아야 한다고 했다.

부모님은 연로하시어 용돈을 내가 드려야 할 입장이었기에, 나 혼자 돈 빌릴 곳을 찾아보았다. 만만한 것이 친구에게 말 하는 것이라 친구들에게 돈 좀 빌려 달라 했는데 친구들도 사회 초년생이라 돈이 없었다. 그 때는 은행이 많지도 않았고, 나는 은행을 거래 한 적도 없었던 터라 돈을 빌릴 곳이 없었다.

한 친구가 말했다. 급전이 필요하면 전당포를 이용해 보라고 했다. 전당포는, 물건을 가지고 가서 맡기면 전당포주인은 그것을 시세의 반값을 매기고, 거기서 50%정도의 가격으로 돈을 빌려준다고 했다. 물건은 3개월의 기간을 주고, 물건을 찾으러 올 때는 5%의 이자를 매겨서 원금과 이자를 받고는 물건을 돌려준다고 했다. 친구의 말을 듣고 집에 와서 내 물건을 다 뒤져 보았으나 값나가는 물건이 없었다. 할 수 없이 엄마에게 말을 했더니 엄마는 손가락에 끼었던 금반지를 빼 주시는 것이었다.
"이걸 잡혀서 우선 돈을 쓰고 3개월 동안 알바해서 반지는 꼭 찾아 오거라."
엄마는 3개월 후에 꼭 찾아오라고 당부를 하시면서 가락지를 빼 주셨다.
엄마의 가락지를 받아들고는 고민에 빠졌다. 가락지를 맡기고 그 돈으로 미용을 배워 미용사가 되면 좋겠으나 만약에 미용사가 못 된다면 엄마의 가락지는 날아갈 판이었다. 그렇지만 미용을 배우고 싶었다.
밤새 고민 하다가 가락지를 가지고 전당포로 갔다. 전당포는 처음 이용해보는 것이라 계단을 올라가는데 다리가 후들거렸다.

전당포는 창문에 철창을 치고 철창 너머로 주인이 나왔는데 흡사 감옥에 면회 온 것 같은 묘한 느낌이 들었다. 여기를 괜히 왔구나 싶었다. 전당포에 대한 기억이 나에게는 감옥 같은 느낌이 들어서 여기를 얼른 나가고 싶었다. 이런 곳은 다시 오지 말아야겠다고 생각했다. 그러나 생각뿐이지 발걸음이 떨어지지 않아서 미적거리는데 주인은 반지를 받아들고 진짜 금인지 확인을 했다. 살짝 긁어보고 고개를 양쪽으로 갸우뚱 하더니 값을 매겼다. 그리고는 돈을 주었는데 학원비가 되기에는 모자란 금액이었다.

"금값은 3개월이 유효기간입니다. 이자는 내 드린 금값에 5% 받습니다. 그리고 3개월 이후에 찾으러 오지 않으면 우리가 임의로 이 반지 처분합니다. 약속을 지키세요." 그러면서 내역 서를 적은종이를 주었다.

약속을 지키라는 주인의 음성이 귀에 쟁쟁했고, 돈도 학원비에 모자라서 나는 돈을 주인에게 주었다.

"아저씨 죄송해요. 반지 그냥 주세요."

전당포 주인은 내가 도로 달라고 하니까 어리둥절하다가 반지를 나에게 주었다. 나는 마음이 변할까봐 얼른 반지를 들고 나왔다, 금반지는 다시 엄마 손가락에 끼워 드리고, 미용대신 다른 것을 배우기로 했다.

세월이 흘러 전당포를 지나갈 때면, 철창 속에서 고개를 내밀었던 그 주인이 떠올라 좋은 기억이 아니었기에 그 전당포는 추억 속에서만 보기로 했다.

전당포가 급전이 필요한사람에게는 요긴한, 문턱이 없는 금융기관이나 다름없었다. 카메라나 금반지를 맡기고 필요한 돈을 쓴 다음, 2~3개월 안으로 빌린 돈을 갚고 다시 찾을 수만 있다면 전당포는 이용하기에 수월한 금융기관 같은 역할을 해 온 것이다.

지금은 은행도 많고 캐피탈이라는 카드회사에서 이자를 받고 돈도 빌려준다. 급전에는 캐피탈도 요긴하게 사용된다. 그러나 지금의 나는, 우수고객으로 은행을 이용하니 마음이 편하다 그때에는 내가 어려서 돈도 못 벌었고 은행거래가 없었을 때의 일이라 추억이었지만, 어떤 이에게는 전당포가 물건을 맡기고 돈 빌리는데 수월한 곳이었을 수도 있었을 것이다. 그런 간판이 높은 곳에 걸려 떼지 못하고 그냥 남아 있으니 세월도 시간도 그 간판과 같이 거기서 머물러 있는 것이다. 나에게는 추억을 제공하고 있으니 그 간판이 고맙기만 하다.

그 간판이 오래도록 걸려 있기를 바래본다…

종이책의 미래와 작가의 일

　우편함에는 두 권의 책이 꽂혀 있다. 지인들이 책을 냈다고 발송한 것이다. 일주일이면 한권, 한 달이면 3권정도로 책을 선물 받고 있다. 책을 받으면 그 사람을 본 것같이 반갑고 응원의 노래가 전화기를 탄다.
　얼마 전, 전자책이 나와서 획기적인 사건이라고 보도 된 적이 있었다. 그러면서 종이책은 없어질 거라고, 출판사와 신문사도 문을 닫을 거라고 불안해 한 적이 있다.
　문인들은 너도 나도 전자책을 발행했다. 책을 내면서 종이책과 전자책을 동시에 낸 사람도 있고 전자책만 낸 사람도 있는데, 전자책을 낸 사람은 목에 힘을 주고 홍보 했다. 더불어 인세도 들어온다고 자랑 했다. 종이책만 고집한 나는 뺄 줌 했고 전자책을 못 내서 바보취급 받는 것이 아닌가 걱정 한 적도 있다.

　그러나 걱정은 기우에 불과했다. 전자책의 기운이 오랜 기간 강성 할 것 같았으나 몇 년이 지나자 출판사에서 전자책 권하는 것도 시들해졌고 문인들 사이에서도 전자책 이야기는 자취를 감추었다.

종이책보다 전자책의 장점은 책꽂이가 필요 없고, 컴퓨터나 휴대폰에서도 볼 수 있기에 크게 호평을 받았다. 무게가 없어서 좋았고 공간의 제약이 없어서 국내에서도 해외에서도 작품을 볼 수 있는 것이다. 그러나 개인이 전자책을 찾아서 보기에는 어려움이 있다. 컴퓨터를 못하는 사람은 그것도 어렵기 때문이다. 그것이 단점도 되기에 시간이 지나자 전자책은 서서히 사라지는 추세다.

전자책을 한참 권할 때, 종이책이 없어지면 어쩌나 걱정을 했는데 기현상으로 종이책 내는 사람이 많아졌었다. 종이책의 종말이라도 오는 것처럼 너도 나도 종이책을 출판해서 문인들도 웃음을 웃은 적이 있다.
종이책과 전자책, 그 어느 것을 출판해도 문인들에게는 권장 할만하다. 작가의 글이 남에게 읽히기 위하여 책을 낸다는 측면도 있지만 그것이 개인에게는 삶의 기록이다. 당대에 읽히지 않는다하여 졸작이라 하지 않는다. 종이책에 기록된 내용은 세월이 아무리 지나도 글자만 잘 박혀 있다면 그 내용을 파악 할 수 있다. 그래서 몇 백 년이 지나도 책의 가치는 높게 평가 될 수 있다. 그러기에 전자책 보다는 종이책에 비중을 두는 것이 작가의 할 일이라고 믿는다.
종이책의 내용을 읽으면 기억이 나지만 전자책을 읽으면 잘 기억이 나지 않고 기억이 오래 가지도 않는다. 나의 경우에는 전자책을 한권 다 읽어 본적이 없다.
전자책은 화면이라 한참 들여다보면 눈이 피곤하고, 상상력도 펼쳐지지 않아서 전자책은 오래 보기가 싫다. 반면 종이책은 보다가 눈이 피곤

하면 접어 두었다가 다시 볼 수 있으며, 본 내용을 생각해 보고 상상력을 펼칠 수 있다. 그리하여 종이책은 앞으로도 영원히 지속적으로 발행 되어야 한다. 작가들은 종이책 발간에 더 관심을 두어야 한다.

세상은 변한다. 옛날에는 한지에 글을 써서 수기로 책이 발행 되었다. 거기서 발전을 하여 금속 활자로 인쇄를 했으며 지금은 출판사에서 대량으로 찍어내는 획기적인 발전을 했다. 옛날에는 문인들이 많지 않았으나 지금은 몇 만 명에 이르는 문인들이 창작에 심혈을 기울이고 있지 않은가, 세상은 많이 변했다. 문인이 많은 세상은 좋은 세상이다.

외출했다 돌아오니 모임에서 발행되는 책이 배달되었다. 책을 펼쳐보니 글을 쓴 사람은 아마도 70명 정도 된다. 그들은 날마다 글을 쓰고 활동을 하며 문학을 위하여 삶을 살고 있다. 이들에게 붓을 꺽으라고 한다면 그들의 삶은 빈 붓통일 것이다.

세상은 빠르게 변하고 다가올 미래에 대하여 논의를 해본다면, 작가들은 전자책이든 종이책이든 글을 쓰고 책을 내고 문학중흥을 위하여 살아야 한다. 책을 낸다는 것은 기록을 남기기위한 일이니 그 어느 것에도 치우치지 말고 후대가 읽어서 정신이 좋아질 그런 글을 쓰자. 그것이 작가의 임무다 작가가 할 일이다. 이왕이면 종이책으로 말이다.

지금이 좋아

    이틀 걸러 시장엘 간다. 시장에 자주 가는 이유는 싱싱한 것을 먹고 싶어서이다. 또한 건강을 위해 걸어야하기 때문이기도 하다. 집에서 시장이 가깝다. 가깝다고 싱싱한 채소가 내 집으로 걸어오는 것이 아니니 발품을 팔러 가는 것이다. 발품 팔다보면 싸게 사기도 하고 좋은 생선도 고를 수 있다.

    오늘은 생선을 사러 간다. 요즘에는 갑오징어가 제철이라 하니 제철 음식재료를 구입하려고 생선전을 찾았다. 가게의 진열대에는 여러 가지 생선이 많다. 보기만 해도 배가 부르다. 전복, 왕새우, 삼치, 임 연수, 갑오징어 등. 옛날에는 비싸서 눈요기만 했던 생선들이다.

    전복과 왕새우는 10년 전만 해도 매우 비싼 생선이었다. 먹고 싶어 몇 마리 사려해도 지갑을 몇 번 열고 닫아야만 구입했던 것인데, 요즘에는 흔한 새우가 되었고 전복도 사철 먹을 수 가 있다. 참 좋은 세상이다. 전복이 만원이면 8개~10개 정도이니 만원어치만 사도 한 끼 식사는 가능하다. 새우는 30마리에 만원이니 만원어치만사도 실컷 먹을 수 있다. 그래서 귀한 생선 갑오징어, 왕새우, 전복을 샀다. 바구니가 묵직하다.

싱싱한 해산물로 요리 하여 저녁을 마련했다. 남편은 진수성찬이라고 매우 좋아하며 막걸리를 곁들인다. 맛있는 반찬으로 잘 먹으니 그 모습이 보기 좋다.

상차림을 보니 돌아가신 친정 부모님, 시부모님 생각이 났다. 그분들은 어려운 시절을 살아왔기에 지금의 이런 생선은 정말로 특별한 날에나 몇 첨 먹을 수 있었다. 친정 부모님은 그것도 못 먹어보았다. 우리친정 부모님은 돈이 없어서, 못 먹은 상차림으로 거하게 먹으려니 죄송하다는 생각 들었다. 옛날에는 음식이 없어서 못 먹었으나, 지금은 들어갈 배가 없어서 못 먹는 시대가 되었으니 오래 살고 볼일이다. 산해진미가 내 앞에 차려져 있다.

농업이 과학적 기술을 더하여 발전하듯이, 바다에서도 연구를 하여 전복을 많이 기르고 있다. 다른 생선도 그리하니 지금은 풍성하게, 아주 흔하게 먹을 수 있다. 그렇게 본다면 지금의 우리는 진시황제보다도 잘 먹는다 할 수 있고, 어느 나라 왕보다 잘 먹고 산다고 볼 수 있다. 이러한 시대에 살고 있음을 감사하며 "지금이 좋아" 속으로 외치고 있다.

시 부모님이 살아 계실 때만 해도 생선과 고기를 자주 먹지 못했다. 식구가 많아서 조금사서는 되지도 않았고, 돈도 없었고, 비싸기 때문에 전복을 사다 먹을 수 가 없었다. 그런데 지금은 둘만 살아서 그런지 남편에게 원 없이 좋은 음식을 먹이고 싶어서 실컷 먹게 한다. 무리수를 자주 둔다.

돈 씀씀이가 과하다고 느낄 때면 스스로 위로 하는 말,
'남편은 고생 많이 했다. 그 보답으로 사는 날 동안에는 좋은 음식, 맛있는 음식 원 없이 먹이고 싶어서.'
비싼 생선 자주 먹으니 내가 부자냐고? 부자는 아니지만 생선 사 먹을 정도는 된다. 예전에는 시부모님을 우선으로 드리고 나머지를 먹어서 우리는 입맛만 다시는 일이 많았다. 그러나 지금은 식구가 없어서 마음도 편하고 조금 사도 양껏 먹게 된다.

정성으로 해준 음식을 맛있게 먹으며 남편은 흥얼댄다.
"맛난 것 해주어 고마워요"

그 말에 나는 화답 한다.
맛있게 드시오. 즐겁게 드시오.
"지금이 좋아요."

"병실에 있는 사람들은 먹고 싶어도 먹을 수 없는 사람들이 많으니 건강할 때 많이 드시오. 이 좋은 세상 오래 오래 사시오."
"지금이 좋아요."

짐과 덤

조카딸이 결혼한다고 청첩장이 왔기에 날자와 시간을 맞추어 축하해 주러 예식장을 찾았다. 예식장에 도착하니 일가친척들이 다 왔기에 인사 하고 축하 했다.

결혼하는 조카들도 있지만 아직도 결혼하지 않은 조카들이 많아서 만난 김에 언제 결혼할거냐고 물었다. 아이들은 손사래를 치면서
"저희는 비 혼주의자에요. 결혼 안 해요."를 외치면서 자리를 뜬다. 혼기가 지난 조카들은 어른들 만나면 결혼언제 하느냐고 묻는 바람에 어른들 만나기가 싫단다.

세상 이상해졌다. 결혼이 왜 싫을까? 그 이유를 묻고 싶었으나 손사래를 치는 조카들을 붙잡을 수가 없어 싫으면 싫은 대로 그대로 두기로 했다.

나는 23살에 결혼했다. 그때는 23살이 지나고 26살 정도가 되면 노처녀라고 불렀다. 올드미스라고 불렸으니 노처녀라고 불리기가 싫어서, 중매 장이가 다리를 놓는 바람에 얼른 결혼했고 친구들도 23살에 결혼

을 많이 했다.

아버지가 안계시니 어머니가 결혼을 재촉했다. 결혼이란 말이 자주 나오니 그 말이 듣기 싫은 이유도 있었다. 엄마등살에 등 떠밀려 결혼했으나 결혼이란 해도 후회하고 안 해도 후회한다는 말이 이해가 되었다. 결혼생활은 현실이었다. 냉혹한 현실이라 꽃방석도 없었고 화려한 드레스도 없었다. 결혼 해보니 할 수만 있으면 결혼 안하고 부모님과 오래도록 살고 싶었다.

결혼이란 나보다는 남편을 위한 삶이고, 시부모님을 위한 삶이되기도 하고, 자식들을 위한 삶이기에 결혼이란 내 어깨에 커다란 짐으로 지워졌다.

결혼하면서 바로 시댁으로 들어가 살았다. 남편이 장남인 이유도 있었고 식구들과 정들려면 처음부터 같이 사는 것이 좋을 것 같아서였다.

한집안의 며느리가 되자 내 삶은 180도 변했다. 서울에서만 살아 농촌을 몰랐기에 모든 것이 생소했으나 며느리는 머슴보다 더 일찍 일어나야 했다. 새벽에 일어나 9식구 밥을 해야 했고 집안청소에 빨래가 산더미로 나오니 이 상황이 나에게는 날마다 짐이 되었다. 그러나 나는 젊었다. 그래서 잘 이겨보려고 열심히 살았다. 동에 번쩍 서에 번쩍 부지런히 움직여서 식구들에게는 날마다 맛있는 식사를 만들어 먹게 하였고 들에도 나가서 일을 거들었다.

시댁은 정들기 전까지 남의 집 같았다. 그러나 적응해야만 했다. 아가씨 때는 양말 한 짝도 안 빨아 보았는데, 친정에서는 귀한 딸이었는데,

며느리가 되자 상머슴이 된 것이다. 결혼이란 것을 했으니 나만의 삶이 아니라 더불어 살아야 한다는 생각이 들자 남편에게는 힘이 되는 사람이 되고 싶었다.

시골의 일은 해도 해도 끝이 없었다. 그러나 아이가 생기고 교육비가 필요하자 나는 슈퍼맨으로 변했다. 자식교육을 위해서라면 하늘의 별도 따와야 했다. 열심히 살다보니 시동생과 시누이들은 짝을 찾아 떠났고 내 자식들도 쑥쑥 잘 컸다.

젊어서의 부모님은 기세가 등등하여 나를 힘들게 했다. 경제권을 쥐고 있었으며 일을 잘하셔서 우리는 따라가느라고 매우 힘들었다. 그런데 어머님이 연세가 드시면서 중풍으로 쓰러져 병간호 16년을 하게 했고 시아버님도 전립선으로 8년을 앓으셨다. 병간호로 23년을 보냈다. 나의 결혼생활은 시댁생활 자체가 짐으로 40년 동안 내 어깨를 짓눌렀다. 여러 가지 상황이 힘들었으며 늘 몸이 피곤했다.

부모님은 100세를 사실 줄 알았는데, 시어머님이 85세에 세상을 뜨셨다. 아버님은 2년을 더 살다가 돌아가셨다. 부모님을 모시고 살았던 세월이 40년이라 그 생활이 짐스러웠는데 부모님이 돌아가시자 부모님과 살았던 세월은 내 인생의 덤이었다는 사실이 느껴졌다.

나갔다 들어오면 안방에는 시어머님이 계신 것 같았고, 거실에는 아버님이 계셨다. 부모님이 돌아가셨다고 믿기지 않을 만큼 부모님은 집안에 충만했다.

그러나 실제로는 식구가 없으니 적적하고 음식을 해도 먹어줄 사람이 없고 혼자 있을 때는 외로웠다. 남편과 둘만 있으니 적응이 안 되어 2년 정도는 적적했다.

옛말에 "드는 줄은 몰라도 나는 줄은 안다" 했다. 부모님의 빈자리가 상당히 컸다. 공경을 하고 싶은데 공경 받을 분이 안 계셔서 우울감이 쌓여 나는 이사 가기로 했다. 일거리가 많은 시골생활 정리하고 오산시내로 이사했다.

올해로 결혼 한지 48년째이다. 그동안 시부모님 모시느라 힘도 들었으나 좋았던 때가 더 많아 결혼생활은 짐이 아니라 덤으로 살았던 인생이었다.

남편만나 자식을 얻었으니 그것이 가장 큰 덤이고 부모님과 같이 살아서 효도했으니 두 번째 덤이고 말년에 둘이만 살고 있으니 노년신혼기로 세 번째 덤이다.

세상에는 공짜란 없다. 요즘에 젊은이들은 힘든 것은 피하고 편한 것을 추구하니 결혼하지 않겠다. 하는 것이다. 결혼이란 남을 배려하고 남의 편을 내 편으로 만들어 사는 것인데, 남의 비위 맞추기가 싫은 사람은 혼자 있기를 원하는 것이다.

결혼하기 싫다고 말하는 젊은이들에게 말하고 싶다.

"결혼해봐라. 든든한 사람이 옆에 있으니 옆구리도 따뜻하고 알콩 달콩 사랑이 생겨서 삶은 살만한 것이란다."

만년메밀

　남편은 삼식이다. 외식도 싫어하고 집 밥만 원하는 터라 이틀이 멀다 하고 시장을 간다. 반찬거리 사다보면 똑같은 것을 살 수가 없다. 식단을 짜서 다르게 반찬을 해야 하기 때문이다. 도토리묵과 메밀묵 두부를 파는 가게가 있다. 이 가게를 지날 때면 옛날 시골에서 묵 쑤던 때가 생각난다. 두부도 만들어 부쳐도 먹고 찌개도 끓여먹던 생각이 난다. 그때는 무엇을 먹어도 맛이 있었고 식구도 많아서 많이 만들어야했다.

　우리 집은 밭이 많았다. 그래서 초봄부터 심어도 어느 때는 밭이 남는다. 올해는 너무 바쁘고 힘이 들어 산골 따비밭은 묵을 판이다. 밭이 남으면 아버님의 불벼락이 떨어져 뭐라도 심어야 했다. 7월이 지났는데도 밭이 많아 땅이 남았다. 그래서 무엇을 심어야 할지 심히 걱정 되었다.
　어느 곡식이든 생육일수 라는 것이 있고 망종 이전에 심어야 알이 영근다. 지금은 망종이 지났다. 망종이 지나서 심으면 알이 영글지 않아 심어봐야 헛고생이다. 8월 초가 되어 심을 곡식이 없다.
　씨앗 보관하는 곳간을 둘러보니 강낭콩도 있고, 콩도 있고, 보리도 있고, 메밀 씨가 있었다. 메밀 씨를 보니 메밀에 대한 전설이 생각났다.

속담에 "천년 보리 만년메밀"이라했다. 메밀은 보관만 잘하면 늦게 심어도, 세월 지나 심어도 싹이 잘난다고 그랬다. 그 말이 진짜인지 실험해봐야겠다.

창고에 있던 메밀은 묵은 씨 같은데 정말로 싹이 날지 걱정이었다. 걱정만 하고 있다고 해결 될 일은 없기에 밭을 갈고 메밀 씨앗을 뿌렸다. 더 지체 할 시간도 없다. 선택의 여지가 없으니 메밀을 심을 수밖에 없었다.

밭을 갈고 씨를 뿌렸으나 때가 늦어 싹이 날까 걱정을 했는데 씨를 심고 비가 왔다. 비 덕분에 금방 싹이 났고 밭은 금방 초록으로 물들었다.

메밀 싹이 한 뼘 정도 자라니까 어머님은 메밀 싹을 잘라서 나물을 해 먹었다. 메밀 싹을 살짝 데쳐 고추장에 무치니까 새콤새콤한 맛이 났다. 식구들은 잘 먹었다. 그래서 한달 정도 메밀 싹으로 나물을 해먹었다.

한 달이 지나자 하얗게 꽃이 피었다. 싹이 늦게 났는데도 비가 자주 와서 급속히 자라더니 뒷밭을 온통 하얗게 물들였다. 메밀꽃은 순수 그자체로 빛났다. 꽃들이 바람에 날릴 때면 파도가 일렁이는 듯 아름다웠다. 달밤에 보면 소금을 뿌려 놓은 것 같아서고 멋진 풍경을 자아내고 있었다.

그 후 한 달이 지나자 여물더니 많이 수확 되었다. 어머님은 풍작이라고 좋아하셨다.

겨울이 되자, 엄동설한에 메밀묵 쑨다고 하시며 맷돌에 갈았다. 메밀은 맷돌에 잘 갈아졌으나 걸쭉하고 끈끈했다. 그것을 자루에 퍼 담고 들기름을 넣고 물을 짜는데 쉽게 물이 빠지질 않았다.

온힘을 다해 자루속의 메밀을 짜내어 묵을 쑤는데 이것도 걸쭉해서 주걱 젓기가 힘들었다. 나는 힘들었어도 묵 쑤는 법을 배우고 싶어 거들었으나 어머님은 일 잘한다고 자꾸 시켜서 한해 겨울 메밀묵 쑤느라 혼이 났다.

애 쓰고 힘쓴 덕분에 묵은 맛이 있었다. 들기름에 신김치를 넣고 무쳐서 온가족이 야식으로 먹었던 그 맛을 잊을 수가 없다. 힘들었지만 배부르게 먹었고 온가족이 화목했던 겨울의 그 밤이 그립게 떠오른다. 메밀은 묵을 쑤어서 팔기도 하여 경제에 도움을 주었다.

메밀은 성질이 차고 서늘하여 더위를 식히는 음식이므로 많이 먹으면 위벽을 상하게 한다. 그래서 하루에 3번 주식으로 먹을 음식은 못된다. 그래서 대접을 못 받던 작물인데 지금은 웰빙 식품으로 귀하신 몸이 되었다.

메밀은 일본사람들이 우리를 멸하려고 심고 먹게 하였으나 우리민족이 요리를 잘 해먹으므로 더 주목받는 음식으로 탈바꿈이 되었다. 먹을 것이 모자라던 때에 메밀은 소중한 양식이 되었다. 여름에는 국수로, 겨울에는 묵으로 서민들에게는 효자 식량이 되었는데. 아무데나 심어도 잘 자랐고 때를 조금 늦게 심어도 잘 여물었다. 그리고 씨앗을 보관만 잘

하면 만년이 되어서도 싹이 나는 전설의 씨앗이다.

    메밀의 원말은 모 밀이다. 열매가 삼각으로 모가 났다하여 모 밀이었으나 세월의 흐름에 따라, 발음이 변형 되어 모 밀이 메밀이 되었다.
    모 밀은 가루 내어 국수를 해 먹고 어린 싹은 데쳐서 나물로 무쳐 먹는다. 새콤해서 입맛을 돋운다. 껍질은 베게로 사용하여 어느 것도 버릴 것이 없는데 지금은 강원도 봉 평이 주산지처럼 많이 심는다. 온 국민이 사랑하는 메밀. 그것으로 행복했던 그때가 추억 속에 있으니
    "기억이 있으면 그리움도 있다" 나도 그 속에 있다.

커피타임

매일 아침 주방에서 이것저것 일 하다가, 10시 쯤 되면 식탁에 앉아 커피 한잔을 마신다. 식탁에 앉아 뒤쪽으로 몸을 돌려 정수기에 온수를 누르면 따끈한 물이 한 컵 가득 쏟아진다. 그 물에 알 커피를 넣고 설탕을 몇 스푼 넣어 마시면 세상에서 가장 맛있는 커피가 되고 그걸 마시는 나는 최고의 행복을 느낀다.

정수기에서 나오는 물의 온도는 100도가 아니라 90도 또는 85도가 된다. 100도로 물을 끓여 먹는 커피와 85도의 물로 마시는 커피는 맛의 차이가 있다. 85도의 커피가 정말 맛있다.

창밖에는 함박눈이 펑펑 쏟아지고 있다. 눈내리는 풍경이 보이는 카페에 앉아 "아메리카노"를 먹는다면 금상첨화이겠다. 겨울 분위기가 최고의 풍경으로 세상을 덮는다. 이럴 때 따끈한 커피가 생각나서 정수기를 눌러 보지만 아직 서비스 맨 이 오지 않아 맛있는 커피는 먹을 수가 없다. 그러면 꿩 대신 닭이라고 억지춘양으로 커피포트의 물이라도 사용해서 커피를 마셔야겠다.

평소에는 정수기의 물이 고맙다고 느끼지 못했는데 오늘따라 정수기가 고맙다. 뜨거운 물과, 얼음물과, 중간물을 걸러주어서 맛있게 먹고 있었음을 오늘따라 무척이나 고맙게 느껴지니 이 겨울이 조금은 더 머물러주어도 좋겠다. 아직 맛있는 커피를 마셔야 할 터이니...

아버님의 십계명

자아가 생기면서 남자보는 눈이 생겼다. 남자가 사람이 아니라 이성으로 보여서 조심스럽긴 했으나 내가 결혼한다면 아버지와 같은 남자와 결혼하고 싶었다.

아버지는 옛것을 중시하고 성격은 온화했고 술을 먹으면 풍류를 알아서 창을 잘하셨다. 기분파이어서 주머니를 다 털었다. 그래서 엄마에게 야단을 맞았지만 아마도 나에게만 주머니를 털었던 것 같다.

나는 그런 아버지가 좋아서 재롱을 부렸으며 아버지도 나를 무척 사랑하셨다. 내 나이 11살 때까지 아버지의 팔 베게를 베고 잠이 들만큼 아버지는 큰 사랑이었다. 아버지 같은 남자가 나타난다면 내일이라도 결혼 할거라고 마음에 다짐 했다.

20대가 넘어 혼기가 차고 중매가 들어오긴 했으나 아버지와 닮은 사람은 없었다. 그런 사람을 찾으려면 오래 찾아보아야 될 것 같았다. 엄마는 채근했다. 기준에서 51%만 넘으면 됐으니 결혼하라고 했다. 그래서 만난사람이 지금의 남편이다.

남편은 아버지와 닮은 구석은 없었지만 차분하고 성실했다. 같이 있으면 편했기에 백년가약을 했다. 그러나 살다보니 맞지 않아 답답한 것이 많았으나 어쩌랴 내 선택의 결과물인 것을...

시댁에 들어오니 시아버님은 친정아버지와 정반대의 성격이었다. 시아버님은 꼼꼼하고 빈틈이 없으시며 매사 논리적인분이셨다. 친정아버지는 자유롭게 분위기를 주신분이라 시댁생활이 숨 막히는 분위기였다. 환경이 나쁘지만 그렇다고 남편과 헤어지기는 싫어서 잘 적응하기로 했다. 어디서 살더라도 환경만 탓하면 인생실패자라고 자신에게 타일렀다.

시아버님은 유교사상을 가지고 그 이념으로 생활하셨기에 나에게 지키라고 주시는 계명이 있었다. 그 계명을 잘 지키면 며느리 잘 들어 왔다고 소문날 것 같아 노력해보기로 했다.

그 십계명은 이러했다.

1 - 마실 가지마라 - 모여서 말하다보면 집안의 흉 물어낸다.
2 - 군것질 하지마라 - 군것질 하다보면 돈 못 모은다. 입이 헤퍼진다.
3 - 계모임 하지마라 - 돈 잃고 사람 잃는다.
4 - 인사 잘해라 - 어른을 만나거든 하루 10번이라도 만날 때마다 인사해라.
5 - 제사에 참석해라 - 형제간에는 자주 만나야 정든다. 근황도 알게 된다.
6 - 집안일, 경조사 참석해라. - 사람 노릇해야 조상 뵐 낯이 선다.
7 - 형제를 사랑해라 - 좋은 일은 남이지만 궂은일은 형제가 먼저다.

8 - 이 집은 내 집이다. - 너희도 돈 벌어 집장만해라. 이 집은 내 집이다.
9 - 돈 생기면 땅을 사라 - 땅에다 묻어두면 손해 없다. 땅을 사라.
10 - 종교를 가지지마라. - 교회든 절이든 돈 가져가야환영한다. 돈 모아라.

이상의 계명은 다 옳은 말이다. 그래서 십계명을 종이에 써서 벽에 붙이고 하루에 한 번씩 읽어보며 생활했다.

시부모님들은 가진 것이 없어 고생을 많이 하셨다. 맨주먹으로 농사를 짓고 농산물을 팔아 농토를 조 금씩 조금씩 장만하셨기에 그런 부모님을 존경했다. 그래서 나도 근검절약을 생활화 하려고 애 썼다.

계명이 계명이 되면 피곤하다. 계명을 슬기롭게 적용하면 가족관계는 유연해지고 삶도 풍성해진다. 이른바 솔로몬의 지혜가 필요하다. 나는 솔로몬이 되기로 했다.

결혼생활이 적응 되고 부모님을 친정부모같이 모시니 불편할 게 없었다. 친정 부모님께 못 다한 효도 시부모님께 다 하리라 마음먹으니 편했다.

세월이 흘러 나도 부모가 되었다. 그러나 지금 아들에게는 그 계명을 줄 수가 없다. 세대차이도 있으나 계명을 준다면 아마도 기절초풍 할 것이라 웃으며 계명을 쳐다본다. 벽에 붙은 계명종이는 추억 속으로 보내고 그저 자식 사랑하기로 했고 손주사랑하기로 했다.

내 인생은 이렇게 지나 왔으나 후손들은 그들대로의 인생이 있으니 내가 그들의 인생까지 이래라 저래라 할 수 없다. 남의 인생 책임질 자신은 없으니 나는 내생활로 만족하련다. 그렇지만 그런 부모님 주신 하나님께 감사하며 부모님과 살았던 그때가 그리우니 나이를 먹나보다. 추억과 그리움으로 세월을 보내고 있으니 말이다.

나의 인생
나의 문학

나의 인생 나의 문학

주부백일장 장원

1989년 1월, 화성 시에서 오산이 분리되면 시市로 승격 되었다. 시 승격을 기념하면서 "주부백일장"을 개최하였다. 딸과 같이 참여하여 나는 수필부분 장원, 딸은 운문부문 장원으로 문학생활이 시작되었다.

오산문학동우회 회원이 되다

주부백일장에서 상을 받으니 문학회 가입하여 같이 활동해보자고 "오산문학동우회"에서 연락이 왔다. 그래서 가입하고 열심히 문학 활동을 했다. 박00씨가 주가 되어 운영이 되는 모임이었으나 매우 활발하게 운영이 되었다. 그러다가 1994년도에 첫 수필집 '서른아홉 살의 행복'을 출간했다.

오산 문협 창립회원이 되다

1992년도 6월 20일 사)한국문인협회 오산지부가 창립되자 창립회원으로 참석 했다. 50여명정도 모였으나 참석을 해보니 회원들은 교직에 있는 사람들이 많았으며 그 외에 사람들은 책을 몇 권씩 낸 사람들이었다. 문학적 초보생인 나에게는 그 자리에 참석한 사람들의 실력이 하늘같이 높아보였다. 그래서 참석은 했으나 사진도 못 찍고 뒤에서만 참석했다가 돌아가곤 하였다. 그렇게 일 년이 지나니 조금씩 자신감이 생기기 시작했으며 글도 열심히 쓰게 되었다. 이년 째가 되니까 뒤에서만 머무를 것이 아니라 적극적으로 활동해야겠다는 열망이 생겼다. 그래서 글 잘 쓰려고 공부도 하였으며 아가씨 때 써 놓았던 글을 정리하여 책을 내게 되었다.

1994년도 이원규씨가 회장으로 있을 때 첫 수필집 '서른아홉 살의 행복'을 출간했다. 책을 내고 나니 더욱 자신감이 생겨서 문인협회에 당당하게 입회하여 본격적으로 문학 활동을 시작하게 되었다. 1997. 6-12 한국문인협회 회원으로 가입을 하였다.

사무국장을 맡다.

1998년도 7월 24일 신경애씨가 제4대 지부장이 되었고 나는 사무국장이 되었다. 신경애씨가 지부장이 되긴 했으나 그녀의 직업은 보험 설계사였기에 모임에 제대로 참석이 어려웠다. 그래서 고문으로 있던 이원규씨가 많이 도와주었고 나도 열심히 모임을 위해 뛰어 다녔다.

1998년도에는 월간지로 "새물터"가 발간이 되었다. 그때에 나는 편집장을 맡아 왕성하게 도왔다. 회비가 부족하면 내가 집에서 음식을 해 와서 비용을 절감하였고 절약한 돈으로 책 발간에 힘썼다. 책 발간 비용은 광고를 받기도하고 회원들이 돕기도 했다.

1999년1-25 월간지 '새물터'를 '향함'으로 이름을 바꾸고 편집장을 맡아 1호에서 32호까지 자비로 출판을 하였다.

향함 창간호 (1999-1/25)

발 간사 - 정희순

'질그릇과 토끼'

질그릇에서 익는 술은 세월이 갈수록 맛이 더 해진다. 글을 쓰는 우리의 마음에 질그릇 하나씩 가져서 그곳에서 숙성되어 나오는 글로 오산 시민들의 정서를 다듬어주자

토끼는 다산을 상징한다. 토끼처럼 많은 작품을 쓰자. 생산이 없으면 소비도 없다. 문인들의 창작을 토끼 같은 다산으로 많은 작품이 생산되길 바라는 마음이다.

참여회원으로는 시부문-김명숙/ 김의식/ 김정분/노세호/박연근/박정임/성백원/시종만/신경애/오병곤/ 오현미/이원규/이종한/한아름/허효순/홍승갑, 수필부문-김상기/이연호/정희순, 소설부문-박연근/주혜진, 명상록-임하선이 불여결망으로 수록되었으며 발행인-신경애/편집장/정희순 주간/성백원, 편집위원-강한석/김상기/김의식/박연근/이영옥/주혜진 홍승갑으로 발행을 하였다.

향함26호 (2002-4/15)

목마른 대지 / 정희순

해마다 4월이면
봄 가뭄으로 대지는 목이 탄다
꽃들은
저마다
아름다움을 뽐내고 싶은데
목이 타는 것이다

하늘은
그 사정을 헤아려
밤사이 많은 비를 뿌렸다

산천초목은
반가운 물을 먹고
하늘로 쑥쑥
키를 늘릴 것이다

비가
목마른 대지를 해갈 시켰듯이
향함지가

우리의 정신문화를
해갈 시키는 원동력으로
자리매김 하길 바래본다
이 4월에

향함 28호 (2002-6/17)
창립 10년을 축하하며 / 강한석

한 알의 밀알이 박토에 뿌려진지 10년
우로와 태양을 머금어 커다란 성장의 손을 펼친다.
역경을 이기고 싹을 틔운 꽃은 작아도
그 향과 빛깔이유달리 짙음을 보아왔다
이 마당을 거쳐 간
100여명의 집필자 모두를 초대할 계획을 갖고 있다.
격려와 성원주시고 우리가족 모두는 자중 자애할 일이다

향함 제 31호 (2002-9/13)
마르지 않는 샘터 / 성백원

십 년 전 척박한 땅위에
홀씨 하나 외롭게 떨어지더니
큰 나무 그늘 되어 뭇 사람들 맞이하네

마음의 텃밭에 뿌린 싱그러움이
꽃피고 새가 우는 아름다운 마을 되어
세월의 흔적이 오산 천 벚나무 나이테로 새겨져 있네

필 봉산 청빈한 초록은
어두운 밤하늘에 별처럼 빛나고
가난한 시인의 골짜기에는
희망의 강물이 넘실거리네

'새물터'에서 '향함'으로
질박한 삶의 이야기 이어져
지치고 시든 사람들의 영혼을
활기찬 문화의 공간으로 인도하도다

만남의 설레임 속으로 우정의 다리를 놓고
절망이 사는 곳에는 희망을
미움이 자라는 곳에는 사랑을 심어
가없는 낙원으로 소 떼를 몰고 가자

오산 문인이여!
오산 문학이여!

이 땅의 아이를 위해

이 땅의 미래를 위해

마르지 않는 샘물이 되어라

생명을 살찌우는 샘터가 되거라

"향토문인 창작집 및 문인자료전시회" 개최

오산문인협회가 결성은 되었으나 책을 내는 것은 회원들 자비로 출판을 하였다. 그래서 회원들은 부담을 많이 느꼈다. 그래서 오산시의 지원을 받아 내려고 기획서를 만들어 제출을 했으나 여러 번 거절당했다. 그래서 우리가 노력하는 모습을 보여주자고 마음먹고 향토문인전시회를 계획하였다. 본회 고문 이원규씨가 아이디어를 냈고 내가 많이 돕기로 했다.

이름을 정했다. "향토문인창작집 및 문인자료전시회"라고 이름을 정하고 계획서를 작성했다. 막상 전시회를 하려니 자료가 없어서 부천에 사시는 민경남 선생님이 소장하고 계셨던 문학저서와 오산 문인들의 작품집을 모아서 하기로 하였다.

그러나 장소가 없어서 난관에 부딪혔다. 몇 군데 알아보았는데 임대료를 내야했기에 돈이 없어 오산 시민회관 락카룸을 빌려 3일간 전시회를 하기로했다. 락카룸은 지저분했고 거미줄이 많아서 이원규가 수성페인트를 사다가 벽을 흰색으로 칠을 했다. 모든 것이 돈은 없고 문인들의 지원금은 받고 싶어서 전시회를 하므로 우리의 노력을 보여주려는 마음이었다.

사흘간 칠을 할 때에 나는 집에서 쌀과 반찬을 가져와서 락카룸에서 가스 불에 밥을 해먹었다. 그렇게 노력을 하니까 시청직원들이 관심을 가졌고 시장님도 현장에 와 보셨다. 그리고 문인들의 노력을 높이 사셨다.

오산문인협회 지원금 받다.

사흘간 밥을 해먹으며 칠을 하고나서는 트럭을 한 대 빌려가지고 부천으로 갔다. 민경남 선생님의 집에 가서 고서와 문예지등을 가져와서 전시를 했다. 일주일간의 노력으로 드디어 전시회를 열었고 오산시의 관계자들이 많이 참석 하였으며 축하 금을 주셔서 40만 원정도 기금도 마련이 되었다.

10월이 되자 나는 다음 일 년의 기획서를 가지고 문화공보실에 갔다. 오산문인협회 책 발간 지원금 신청서를 제출했다. 그랬더니 며칠 후에 와보라고 했다. 10월 하순쯤에 공보실에 갔더니 담당직원이 크게 인심 쓰듯 80만원을 주면서 책 지원금이라고 했다. 나는 뱃장을 부렸다. 주려면 100만원은 주어야지 80만원이 뭐냐고 안 가져간다고 놓고 나왔다. 담당직원은 깜짝 놀랐다. 80만원도 고맙게 받아 갈 줄 알았는데 더 올려 달라고 하니 기막혀했다. 그러더니 100만원으로 올려서 주었다. 그 이후 2000년도부터는 지원금을 받게 되었으며 해마다 조금씩 올라서 지금에 이르게 되었다.

오산문학상 제정하다

1999년 12-27 오산 시립도서관에서 강한석님의 제3시집 '영혼의 촛불을 켜고'출판기념식과 제1회 오산문학상 제정 오산문학상수상식을 거행했다. (제1회 조석구 수상)

오산 문협이 결성 된지 얼마 되지는 않았지만 문학상을 만들자고 했다. 모임에는 상이 있어야 발전하는 법이고 또한 회원들의 사기를 올리자는 의견으로 내가 초안을 마련했고 회장과 고문 두 분의 승낙으로 오산문학상을 제정하게 되었다. 첫 번째 수혜자는 조석구초대회장님을 드렸다. 선생님은 상을 줄줄 몰랐다며 1회수상의 영광을 주어서 고맙다며 상금으로 받은 돈 30만중 10만원을 쾌척하셨다.

제 8대 사무국장 재임

2008년도 강한석회장님이 회장으로 계실 때 나는 다시금 사무국장을 맡게 되었다. 이00씨와 양00씨가 사무국장을 맡았으나 일이 잘 진행이 되지 않으니 내가 세 번째 사무국장으로 구원투수가 된 것이다.

오산시는 해마다 조금씩 발전했다. 그러자 예술단체가 늘고 지원금도 많이 늘었다. 또한 종합 예술제란 이름으로 행사도 생겼다. 그래서 일도 많아진 것이다. 사무국장이 되자

5-4 오산생태환경축제 시화전 (오산천 둔치) 7/5 경기문협 시*수필 낭송회 (마로니에공원 함춘 회관) 참여회원 강한석/윤민희/정희순/공란식

9/8~19 제20회 오산시민의 날 시화전 및 문인자료 전 (오산시청로비* 자료제공 정희순) 9/17 제2회 종합예술제 도종환시인 초청문학 강연 (

오산시청 대회의실) 9/19 제20회 오산시민의 날 기념 학생&시민백일장 (오산시청 광장)

10/17 오산역 계단 오산문협회원 시화전시 12/05 서미숙 경기문협 공로상 수상 12/8 조석구 시비건립추진위원회결성-(마당 넓은집) 오근택* 정희순 공동위원장 참여위원으로는 문인협회 강한석/김선우/성백원/정희순/공란식/윤민회/ 양길순/서미숙/ 배명숙/문화원위원으로는 오근택/ 송영길/ 한경섭/외 18명이 참여했다. 12/17 오산문학19집 발간(한송정)

제 9대 회장이 되다

2009년도 1월 총회 때 마당 넓은 집에서 9대회장 선거가 있었다. 공여사와 내가 접전을 벌였는데 1표 차이도 내가 당선이 되어 제9대회장이 되었다. 회장이 되면 하고 싶은 일이 많았는데 욕심보다는 천천히 순리대로 하자고 마음먹었다. 임기 내에 "시향이 넘치는 오산"을 만들고 싶었다.

오산역을 드나들 때마다 문인들의 시를 계단에 설치하면 시민들이 오며가며 시를 감상 할거라고 시화걸기를 오산역장님에게 건의를 드렸다. 그랬더니 역장님이 흔쾌히 승낙해주셨다. 언제고 걸어 줄테니 작품을 가져 오라고 하셨다. 그리하여 몇 번에 걸쳐서 시화를 계단 벽에다 걸었으며 역 로비에도 시화 전시를 했다.

시의 동산을 만들다

"수청근린공원"은 1번국도변에 있다. 공원분수가 있는데 조명을 설치

하였더니 밤에는 멋진 풍경을 만들었다. 그리하여 가족들이 나들이 나오는 장소가 되었다. 학생들도 그곳에 와서 그림을 그렸다. 봄이면 꽃이 피고 가을이면 단풍이 아름다워 시민들의 발걸음이 많았다. 그 속에 시를 전시해 놓으면 좋을 것 같아 시의동산을 만들기로 했다. 시의동산을 만들려니 비용이 문제였다. 오산공보실에 가서 말씀드렸더니 시에서 비용 줄 수가 없으니 하고 싶으면 알아서 하라고 했으며 허락은 농림 과에서 받으라고 했다.

시화는 20개 정도 걸고 싶고, 봉을 세멘으로 고정해서 일 년에 두 번 교체하려 했더니 공사비가 200만 원 정도 들었다. 예상보다 비용이 많이 들어서 나도 망서렸다. 그러나 이 때 아니면 만들 사람이 없을 것 같아서 내가 꼬불쳐 놓았던 비상금을 털어 과감히 저질렀다. 그 결과 한동안 쪼들렸으며 남편에게는 말을 하지 못했다. 칭찬보다는 야단을 들을 것 같아서다.

우여곡절 끝에 시화설치를 해놓으니 많은 사람들이 보고 감명을 받아 눈시울 적시는 장면이 목격되기도 하였다. 또한 학생들이 단체로 와서는 20개의 시화를 눈여겨보고 어떤 학생은 메모를 하는, 발걸음을 멈추게 하여 시의 동산을 만든 보람을 느끼게 하였다. 그러나 시화가 마음에 든다고, 보는 사람 없다고 시화를 떼어가는 사람도 있었다. 5개가 도난당하여 지금은 15개 남았으나 지금도 봄에 한번 가을에 한번 시를 교체하여 공원을 찾는 사람들을 즐겁게 하고 있다.

조석구 시비를 세우다

시의 동산을 만들고 나니 또 다른 욕심이 생겼다. 역전마당에 문인들의 시비를 세웠으면 좋겠다는 열망이 생겼다. 내 의견에 우리 회원 중에 한사람이 말했다. 조병화 선생님의 글을 시비로 세우자는 의견을 낸 것이다. 조병화 선생님의 이름이 나오자 오산에는 그 못지않은 조석구 선생님이 계시지 않은가? 선생님의 제자인 오근택 문화원장님을 찾아가서 의논을 했다. 오산역에다 조석구 선생님의 시비를 세우자고 했더니 마침 선생님이 칠순이 되어서 제자들이 뭔가를 해드리고 싶었는데 시비를 세우면 좋겠다고 응했다. 그리하여 추진위원회를 만들고 공고를 내서 모금을 하기로 했다.

시비를 세우자고 했더니 후원하는 사람들이 구름같이 모였고 후원금도 1,200만원이나 되는 거금이 모여졌다. 내의견이 이렇게 큰 역사가 될 줄은 꿈에도 몰랐다.

오산시민의 성금으로 시비는 오산역 광장에 세워졌고 시비제막식에도 200명이 참석하여 대 역사를 만들어 냈다. 선생님의 시비는 오사의 자랑거리가 되었다.

2009년도

2/28 제9대 정희순 회장은 취임하면서 "시 향이 넘치는 오산"을 만들고 싶다고 하였다. 그러더니 사무국장 서덕순 씨와 같이 일 년 동안 오산 곳곳에 시화를 붙이고 시화를 설치했다. 오산문학 20호에는 초대석으로는 시/한새빛-겨울나무/조석구-오산내 산책길/김경수-강물/윤인환-피

아노/이재성-동행 수필/이재성-독서 가 수록되었으며 특집으로 오행시 짓기를 했다. 제목은 "낙산에 가면" 이었으며 장원/고의순 차상/강은주/김혜경 차하/염현정/김서연/이종순/서덕순/정희순 또한 향토작가들의 작품을 수록하였다. 시-고대영/김의식/남경식/박민순/박병철/신경애/진길장/은정기/홍미지자 수필/홍미지자 꽁트-이지산 소설에는 하경숙이 실렸다.

오산예총 워크숍 오행시 장원작품
낙산에 가면---고의순

낙 - 낙원이 따로 없다네
산 - 산새들이 우릴 반기고
에 - 에워싼 사람들의 행렬이 가벼우니
가 - 가늘게 불어 주는 바람조차도
면 - 면상에 행복을 주는구나!

장독대의 추억 / 은정기

하얀 적삼 어머니의 꿈 녹아 있는
앉은뱅이 채송화 뒤뜰 장독대
세월 잊은 빨간 잠자리 앉아 졸고

하늘가 멀리 떼-까마귀 떼서럽게 울던 날
긴 장마 삼복더위 알몸으로 막아낸
2열 횡대의 눈부신 항아리들
고단한 옹기장이 노래 가슴에 안고
백전노모의 사열을 받고 있었다

제21회 학생·시민백일장은 처음으로 공모전을 실시하였다. 당 일날 비가 많이 왔던 관계로 공모전을 하였는데 기간이 짧아 참여율이 좋지는 않았다. 심사평은 성백원 편집부장이 하였고 초등부장원 시/김세림-가을하늘 중등부장원 시/문명원-소년소녀와 하늘 고등부장원 시/박성언 -추경 초등부장원 산문/임태웅-눈물 한 방울의 메시지 중등부장원 산문/최수연-운동화 고등부장원 산문/김수환-운동화부자 일반부장원 산문/정순영-추억속의 대추나무가 실렸다.

초등부 시 장원 작품을 살펴보자면

가을 하늘--김 세림

높은 가을 하늘
사다리 타고 올라가도
닿지 않을 것 같아

파란 가을 하늘
파란 물감을
잔뜩 묻혀 놓은 것 같아

맑은 가을 하늘
물고기를 놓아주면
헤엄칠 것 같아

시원한 가을 하늘
시원한 바람에

빨강 노란 연두 주황
잎들이 떨어질 것 같아

내가 좋아 하는 가을 하늘
날아다니는 잠자리들은
신이 난 것 같아

그 외의행사내역을 보자면
4/26 조석구 시비 제막식
5/23 조석구 시집 "내 마음의 지평선"출판기념회(컨벤션웨딩홀)
7/11 시향이 넘치는 오산 만들기—오산역 내에 시화 붙이기/화장실에

시화 붙이기(오산역화장실/오산시청 화장실/오산무화예술회관 화장실/오산자원봉사센터 화장실)/시화전시(오산역로비)

7월 20일 월례회는 최홍걸 시인 초대.

8/8 성백원 세 번째 시집 "아름다운 고집"출간

8/17 수청근린공원 "시의 동산" 시화 설치 커팅식 및 시낭송회"

9/7~18 오산시민의 날기념"오산문협시화전 창작집문예지전시회
　　　　(시청로비)

9/14~22 제21회 시민의 날 기념 "학생 시민 백일장 공모전"

10/6 마당 넓은 집
　　　-"제21회 시민의 날 학생 시민백일장 공모전 시상식"

11/26 윤민희 두 번째 시집 "엇박자" 출간

12/07 김재용 경기문협 공로상수상 (경기문화재단 다산홀)

12/12 윤민희 풀잎 문학상 수상

12/13 제3회 종합예술제 "양승본 소설가초청 문학강연"

12/16 오산문화예술인 송년회 밤 (오산예총) 공로상수상

12/19 성백원 방촌문학상 수상

12/21 오산문학 제20집 출판기념회(오산시외삼미동 동양선교교회)
　　　　정희순 5번째 수필집"행복을 행복으로 아는 지혜" 출판기념식
　　　　김재용 오산문학 공로상/김익 오산문협 공로상/장학금 전달식

오산문협 장학금 수여하다

　내 생각이지만 오산문인협회이름으로 장학금을 주고 싶었다. 그러나 지금의 형편으로는 모임운영도 빠듯한데 장학금을 주자니 어려웠다. 그래도 오산문인협회 이름으로 장학금을 주고 싶었다. 장학금을 주자니 재정이 어려워서 우선 시작이나 해보자고 2명 주기로 하였다. 그랬더니 김00선생님이 장애인협회에 소속된 장애인의 자녀를 주었으면 좋겠다는 의견이 나왔다. 그래서 장학금은 작지만 2명을 선발하여 장학금을 지급했다. 그 이후에도 장학금을 지급하고 싶었으나 나는 회장을 그만두게 되어 그 일을 추진 할 수가 없었다. 후임들이 해주길 바랄 뿐이었다

　(오산장애인 협회에 소속된 자녀 2명을 선발하여 오산문인협회 이름으로 장학금을 지급했다)

2010년

　"아름다운 결실을 위하여"라는 제목으로 발간 사를 썼던 정희순 회장은 2년동안의 행보가 행복했다고 말했다. 더 많은 일을 하고 싶었으나 시간이 부족했다며 다음회장에게 공을 넘겼으니 전에 일했던 회장들보다 더 많은 일을 해 달라고 부탁을 했다. 본인은 일복이 많은 사람이라 돌아보니 일을 많이 한 것 같다며 같이 일 해준 회원들에게 고마움을 전한다고 말을 마쳤다."

　2월 22일 대보름을 맞이하여 2월 월례회 겸 한귀동씨가 운영하는 "파티링"에서 윷놀이를 하였다. 참여회원으로는 회장 정희순 사무국장/서덕순 회원 김선우/김익/성백원/이태곤/한경섭/서미숙/우혜심/한귀동

등 11명이 참여하여 즐거운 시간을 가졌다. 모두가 일등으로 신나게 윷놀이했다.

3월 29일에는 "봄맞이 시낭송회"를 "파티링"에서 가졌다. 참여회원 정희순/김익/서덕순/우혜심/서미숙/한귀동/이상희 등이었다.

5월7일에는 예총에서 변산반도로 워크샵을 갔다. 그때에도 오행시 짓기를 하였다. 제목은 "변산 채석강"이었다.

장원/김미숙 차상/이월자/박효찬 차하/김진숙/이미순 입상/김서연/서덕순/이상희 였다.

오산예종 워크숍 오행시 장원작품

변산 채석강 / 김미숙

변 - 변산반도에 몸을 싣고 내려와 보니
산 - 산과 바다가 눈앞에 펼쳐져 있고
채 - 채반을 겹겹히 쌓아논듯 펼쳐진 채석강의 모습은
석 - 석편으로 인간이 쌓아 놓은 것보다 더 아름다운 모습으로
강 - 강물이 흐르듯 자연그대로의 모습으로 수채화로 그린 듯
    아름답게 펼쳐져있네

05/17 오산문학 발전을 위한 좌담회 (장애인협회 사무실)
참여인원-정희순/김선우/성백원/서덕순/윤민희/김임자/서미숙/손선아/배명숙/김익/김혜경/ 그 외에 8명이 참석하였다.

오산문학 제22회 학생·시민백일장 수상자 들은 다음과 같다. 심사평은 윤민희씨가 했으며 초등부 운문장원/백수림-소나기 중등부 운문장원/이수민-물 속에서 보는 세상 고등부 운문장원/강효양-붕어 일반부 운문장원/위선영-어머니

초등부 산문장원/박현민-물향기수목원 중등부산문장원/한나례-놀이터 고등부산문장원/최미영-놀이터 일반부 산문장원/김유경-나에게 오산은

제22회 학생·시민 백일장 일반부 운문장원
어머니 / 위 선영

검버섯은
어머니의 눈물로 자라는지
뒤돌아 흐느낀 자리엔
어김없이 검은 꽃 만발
곱다 하여 꺾으려 하는 이 없는데
속절없이 너는 만발하였구나

흰머리는
어머니의 땀으로 자라는지
땀에 젖은 두건 들춰보면
어김없이 하얀 꽃 만발

애써 뿌리지도 않았는데
배다 하여 솎아 주지도 않았는데
염치없이 너는 만발하였구나

잔주름은 어머니의 정성으로 자라는지
밤낮으로 쏟아 부은 정성뒤엔
어김없이 주름 꽃 만발
사이사이 고랑도 치지 않았는데
바쁘다 하여 돌보지도 않았는데
속절없이 너는 만발 하였구나

그 외의 활동을 살펴보면
08/27 제4회 종합예술제 및 시낭송회
      (5개 단체 합동공연-오산문화 예술회관)
09/1~11 오산문학인들의 창작집 문예지 전시회
      (자료제공 정희순-시청로비)
09/10 제22회 시민의 날 기념 학생 시민백일장-시청광장
11/26 한경섭 경기문협 공로상수상
11/27 윤민희 박효석문학상 대상 수상
12/13 오산문학 제21집 출판기념회/이태곤 오산문협 공로상수상
12/28 강한석 오산예총 공로상수상

필자는 문학생활 36년을 맞이했다. 그동안의 행적을 모아 기록으로 남기고 보존하고자 책에 수록한다. 위의 내용은 내가 임원으로 있을 때 발간했던 책의 내용들이라 기념하고 싶어 부록으로 첨부한다.

필자는 오산문인협회에서는 사무국장으로 3년 부회장으로 2년 회장으로 2년 지냈으며 그 외에도 꾸준하게 회원으로 활동 했다.

추신 ※ 오산여류문학회 창립

2004년도 12월 4일 명동칼국수 집에서 문인들과 회원들 60여명이 "오산 여류문학회" 창립식을 가졌다. 본인은 초대 회장으로 여성문학인을 양성하는데 중점을 두어 유명 인사들을 초빙하여 문학 강좌 등을 개최했다. 여류문학회는 오산시에서 시행하는 대회에서 상을 받은 여성들을 모아 문학단체를 만든 것이다.

오산시에서는 매년 여성백일장, 독서 감상문쓰기, 편지쓰기 등을 개최하여 15회를 주관했다. 이 대회에서 상 받은 여성들을 40여명 모아 여성단체를 만들었다. 격월로 시와 수필을 배워 3년이 지난 후에는 등단을 하는 등 여성문인들을 양성했다. 이후에 14년 동안을 활동하면서 오산시에 거주하는 여성문인들에게 정서 함양에 이바지하는 영향력을 끼쳤다.

역사를 기록하는 것은 고단하지만 살아 있는 사람, 후손들을 위해 역사를 기록한다. 더우기 문인이라면 자기역사도 정리해야 한다. 정리하고 기록 보전해야 한다. 그래야만 후손들이 그 역사를 보고 앞으로 나아갈

지표를 삼기 때문이다. 36년의 내역사도 보전할 가치가 있기에 힘든 작업 이 시점에서 마무리를 하려한다.

정희순 삶의 이력

서울출생 (용산)

수필가 · 아동문학가 · 시인 · 수필가 사진가

호는 장산 · 해원 · 해빛 · 향함 · 다감 · 다울

오산 대학교 평생교육원 최고여성지도자 과정 수료

1988. 04. 20	삼미초등학교 어머니회장
1989. 05. 20	오산시 승격기념 주부백일장 장원
1989. 03. 30	삼미초등학교 감사패
1989. 05. 26	삼미초교 교장 감사장
1990. 03. 22	오산 문학동우회 회원
1991. 03. 22	오산고등학교 1학년 어머니회장
1991. 10. 01	질서 지키기 시장님표창
1991. 10. 20	화성시 경로효친 글짓기 우수상
1991. 03. 15	세마동 부녀회장 / 외삼미동 부녀회장
1991. 05. 02	오산농협 상패
1992. 04. 07	가족노래자랑 우수상
1992. 07. 15	"제4회 시민의 날" 가족노래자랑 최우수상
1992. 12. 21	새마을 지회장표창
1992. 03. 14	오산고등학교 3학년 어머니회장
1992. 12. 31	외삼미동 부녀회 공로패
1992. 06. 20	오산문인협회 창립회원
1993. 11. 05	제13회 국민독서 경진대회 오산시 최우수상
1993. 12. 31	오산 시장 감사패

1994. 05. 10	오산고등학교 운영위원
1994. 07. 02	세마동장 감사패
1994. 07. 02	국회의원 공로패
1994. 06. 30	제1수필집「서른아홉 살의 행복」출간
1994. 09. 14	시민의 날 글짓기 우수상
1994. 09. 15	제6회 시민의 날 시장님 표창
1998. 03. 01 ~ 2000. 02. 28	경기도청 행정모니터요원
1996 ~ 1999	경기도청 주간경기 명예기자
1997. 07. 14	월간 한맥 문학 등단
1997. 06. 12	한국문인협회 회원
1999. 02. 19	오산시 친절도 평가 암행어사 위촉
1999. 04. 01	경기도청 행정모니터 수기모집 도지사표창
1999. 05. 20	오산시 주부독후감 공모전 장려
1999. 08. 20	새마을문고 중앙회 회장표창
1999 ~ 2000	오산문인협회 사무국장 역임
2000. 04. 20	경기한국수필협회 회원
2001. 01. 31	오산문인협회 공로패
2001. 12. 08	경기문학상 공로상
2001. 11. 09	오산 대학교 평생교육원 제2기 최고여성지도자 과정수료
2001. 08. 28	제1회 독서문화사 1기 수료(새마을 중앙회)
2001. 10. 15	(2002 월드컵 축구대회) 홍보위원 위촉
2001. 01. 31	오산 시장 감사장(사무국장 퇴임)
2001. 01. 31	국회의원 감사장 (사무국장 퇴임)
2001.	두 번째 수필집「그늘과 등불」출간
2002. 04. 02	월드컵 홍보위원 위촉
2002. 12. 23	오산시 여성 편지쓰기공모 동상
2000. 02	새마을문고 오산지부 총무역임
2000 ~ 2003	오산문인협회 부회장 역임

2003. 03. 12		무료경로식당 경로효친 자원봉사자 위촉
2003. 10. 18		노인복지기여 시장표창
2004. 05.18		제 16회 여성의 날, 오산시 여성상 수상
		국회의원 감사장(사무국장 퇴임)
2004. 12. 03		경기 한국수필문학상 작품상 수상
2004. 12. 04		오산여류문학회 창립, 초대회장 취임
2004. 01. 10 ~ 2011. 12. 30		오산 새마을지부 부회장
2004. 05.10		원우회 총무
2004 ~ 2007		경로효친 자원봉사회 세마동 총무역임
2004.		세 번째 수필집 「그 사람이 보고 싶다」 출간
2000 ~ 2006		도서출판 「장산」 대표
2006.		뽀샤시 사진동아리 회장
2004. 12. 20 ~ 2006. 12. 31		오산여류문학회 초대 회장 역임
2006. 07. 05		새마을 연수원독서문화운동과정 수료
2006. 11. 28		수원예술학교 5기 졸업 및 회장
2007. 02. 15		오산여류문학회 공로패 수상
2007. 05		네 번째 수필집 「기억이 없으면 그리움도 없더라」 출간
2007. 05 . 24		KBS1 "세상의 아침" 출연 (가정의 달 특집)
2007. 06. 20		법무부 범죄예방 글짓기 심사위원
2007. 09. 29		세마동 노래자랑-가창 상 수상
2007. 10. 05		새마을문고 중앙회 회장 표창
2007. 12. 07		오산자원봉사센터 표창
2008. 05. 08		사)한국편지쓰기 제2회 경인지역 은상 수상
2008. 12. 21		다섯 번째 수필집 「행복을 행복으로 아는 지혜」 출간
2008. 10. 04		조석구 시비 건립추진위원회 공동추진위원장
2009. 01. 01		오산문인협회 회장취임
2009. 04. 25		오산역 조석구 시비 건립(1,200만원 모금)
2009. 07		경기도새마을 시나리오공모전 심사위원

2009. 10		새마을문고 전국공모전 심사위원
2009. 08. 17		오산수청그린 공원 내 「시의동산」 조성
2009. 08		오산역「시향이 넘치는 오산역 만들기」 조성(작품스티커 붙이기)
		오산 역사 계단에 회원들 작품걸기 - 40점(작품매년교체)
2009. 08. 10		아름다운 화장실 만들기 (작품을 코팅하여 화장실에 붙이기)
		(오산시청/자원봉사센터/오산역/여성회관/문화예술회관)
2009. 08. 30		오산웅변협회 웅변원고 심사위원
2009. 12. 28		오산예총 공로패
2010. 03. 01		오산시청 민원봉사 3년
2010. 08. 10		경기도 새마을 시나리오공모전 심사위원
2010. 11. 24		새마을문고 행 안부장관상 수상
2011. 01.17		오산시장 감사패(회장퇴임), 오산문인협회 공로패(회장퇴임)
2011. 02. 25		오산시 소비자 정책 심의 위원 위촉
2011. 03. 16		사)한국문인협회 25대 상 벌 제도위원
2011. 04. 28		경기문학인 협회 이사 임명
2011. 12. 09		오산문학상 대상 수상
2012. 10. 22		여섯 번째 수필집 「다시 꿈꾸는 세상」 출간
2013. 06. 14 ~ 2015. 06. 13		오산시 소비자정책 심의위원 위촉
2013. 11. 08		사)경기한국수필가협회 본상수상
2013. 12. 23		오산여류문학상 대상수상
2013. 12. 23		경기문학인협회 《자랑스런 경기문학인상》 수상
2014. 09. 15		시집 「이제야 보인다네」 출간
2014. 12. 20		오산문학상 전국공모전 심사위원
2015. 02. 26 ~ 2017. 02. 25		오산시 소비자정책 심의 위원회 위원 위촉
2015. 04. 01		사)한국문인협회 26대 상·벌 제도위원
2015. 04. 18		여덟 번째 작품집 「누군가의 그 한마디」 출간과 회갑 기념
2015. 06		「오산人포커스」 운영이사
2015. 12. 06		동양선교교회 여전도회 회장

2015. 12. 21	경기문학인협회 수필 대상	
2016. 01. 15	사)한국편지가족 공로상	
2016. 01. 22	사)한국예총 오산지부 자문위원	
2016. 05. 13	여행견문록-울타리 밖의 풍경들	
	동행과 여정	
	아름다운 날의 향연 출판기념회	
2016. 12. 16	여울문학 제7대 회장 재임	
2017. 12. 31	지구촌 사랑교회 여전도회 부회장 자매 2셀 리더	
2018. 02. 07	오산문학상 운영위원	
2018. 05. 10	Google "서장대" 사진 20만 조회수 기록	
2018. 06. 09	12번째 「아주 특별한 인연」	
	13번째 「더 넓은 세상 속으로」 출판기념회(내삼미동 초가집)	
2018. 10. 21	국보문학 동인 집 「내 마음의 숲」 26호 편집 자문위원	
2018. 11. 06	오산 시립미술관 이음 초대전 (2018.11.6.~18)	
2018. 11.13	14번째 작품집 동화 「금붕어의 노래」 출간	
2019. 01. 01	국보문학 이사	
2019. 01. 01	경기 지방회 서기 임명	
2019. 02. 18	사)오산 문협 이사	
2019. 02. 22	국보문학 동인 집 「내 마음의 숲」 27호 편집국장	
2019. 03. 01 ~ 03. 30	정희순 작품 전시회 중앙도서관	
2019. 03. 05	Google 세계 지역가이드 선정 (2019. 12. 13 ~ 15 캐나다 개최)	
2019. 03. 20	월간국보문학 운영위원	
2019. 04. 01 ~ 30	《시와 수필의 만남》 정희순 작품전시회. 꿈두레 도서관	
2019. 04. 10	사)한국문화 복지예술사 총연합회 수필대상	
2019. 05. 09	제11회 문화예술 명인대전 수필부문 대상(국회회관)	
2019. 05. 16	15번째 시집 「너였으면 좋겠어」	
	16번째 수필집 「내 마음의 별」 소담에서 출판 기념회	
2019. 05. 18	80회 아차산성 시낭송회 & 시화전 27호	

	「내 마음의 술」 출판기념회 행사집행 위원장 (감사장)
2019. 06. 29	한국문학신문 주최 동화부문 대상 수상, 월간국보문학 감사패
2019. 07. 27	월간 국보문학 제13회 경기도 안성문학기행 및 문학특강,
	제82회 오산 궐리사 시 낭송회 집행위원장
	제13회 문학기행 백일장 대회 입선
2019. 09. 28	월간국보문학 아동문학부문 신인상 수상 (동화등단)
2019. 11. 02	아차산 시낭송회 및 시화전 제28호 「내 마음의 숲」
	출판기념회-집행위원장
2019. 11. 09	국물향기 문학상 동화 부문 대상 (금붕어의 노래)
2019. 12. 07	월간국보문학 작가 대상 (동화집 '별들의 잠')
2020. 01. 01	월간국보문학 편집위원 월간국보문학 아동분과 회장
2020. 02. 30	제17집 동화집 「별들의 잠」 출간
	제18집 여행에세이 「길의 지평선」 출간
2020. 05. 23	제29호 「내 마음의 숲」 발행인
2020. 05. 23	아차산 시화전 및 제29호 「내 마음의 숲」 출판기념회 국보문학 감사장
2020. 12. 15	사)한국문학협회 동화분과 회장 및 오산시지부장
2021. 02. 03	사)한국편지가족 주최 제1회 《편지 짝꿍 마음 나눔》 편지 사랑패 수여
2021. 03. 15	19번째 작품 제 3시집 「어머니의 이팝나무」 출간
2021. 04. 05	작품집 10번째 수필집 「나이를 염색하기」 출간
2021. 05. 06	한국문학협회 제1회 도자기 시화공모전 심사위원
2021. 06. 19	사)한국현대문학 제1회 도자기 시화전 집행위원장
2021. 06. 19	사)한국현대문학 문학상 수상 (동화부문)
2021. 07. 19	사)한국현대문학 제1회 도자기시화전 감사장
2022. 03. 19	경기문학포럼 대표 취임식
2022. 07. 13	사)한국산림 보호협회 경기도 도 자문위원
2022. 08. 10	꽃씨문학 회원 가입
2022. 11. 05	천등문학상 본상수상
2022. 12. 16	제9회 문예시대 문학상 수상

2023. 03. 20	정희순 제4시집 「흥해라」
	정희순 제11수필집 「요즘, 신나는 일」 출간기념
2023. 04. 15	문학과 비평 홍보이사
2023. 04. 25	정희순 제3동화집 「누렁이의 웃음」 출간기념
2023. 05. 02	시니어 토크쇼 419회 《황금 연못》 출연, 주제 "유산이 뭐 길래" (1)
2023. 05. 10	수원뉴스 인터넷 신문 기자 위촉
2023. 06. 04	굿네이버스 《희망편지 쓰기》 심사, 서울 편지 가족 사무실
2023. 06. 07	사)한국산림 보호협회 경기협의회 우수임원 모범 표창장 수상
2023. 06. 20	오산시 《함께 자람 센터》 16호점 편지쓰기 강좌
2023. 06. 27	427회 황금연못 출연, 주제 "여행을 떠나요" (2)
2023. 07. 11	429회 황금연못 출연, 주제 "슬기로운 여름 생활" (3)
2023. 07. 13	삼미초등학교 4학년 1반 편지쓰기 강좌 봉사
2023. 09. 05	황금연못 437회 《고부 열전》 출연 (4)
2023. 09. 03	경기도 용인시 돌봄 센터 편지쓰기 강좌
2023. 09. 23	제12회 《도전 한국인상》 수상 (용산, 전쟁기념관 전시실)
2023. 10. 10	황금연못 441회 《트로트가 좋아》 출연 (5)
2023. 10. 23	경기도 처인구 용천초등학교 (23, 26, 27일 편지 강좌)
2023. 10. 24	시니어토크쇼 황금연못 443회 출연 주제 "시장에 가면" (6)
2023. 10. 28	사)한국 산림보호 경기협의회 경기도의회 의장 상 수상
2023. 11. 04	헤밍웨이 100주년 기념 《헤밍웨이 문학상》 수상 (국회회관 내)
2023. 11. 01	평택시 안중읍 현화초등학교 (1, 6일 편지 강좌)
2023. 11. 10	양평동초등학교 돌봄 기쁨교실 편지 강좌
2023. 11. 27	해평 윤씨 종중 효부 상 수상
2023. 12. 14	도전월드 봉사대상 (문화예술부문) 반포 보러스빌딩 내
2023. 12. 19	황금연못 "참 잘했어요." 453회 출연 (7)
2024. 01. 03	황금연못 "슬기로운 건강생활" 453회 출연 (8)
2024. 01. 12	도전월드봉사단 이사
2024. 01. 01	계간문예 작가 회 이사

2024. 01. 03   아태 문화 총연합회 수석부회장
2024. 01. 15   농협 주부대학 3기 총무
2024. 12. 06   사)한국산림보호협회 제27회 창립기념식 북부산림청장 수상
2024. 12. 17   사)한국편지가족 경인지회 회장 선임
2024. 12. 31   문학과 비평 = 타고르문학 작가상
2025. 04. 01~04.30   주고받은 손편지전시회(꿈두레도서관)
2025. 09.   24번째 수필집 출간
2025. 09.   25번째 시 집 출간